スウェーデンの80代は
ありのまま現実的に
老いを暮らす

Margareta Magnusson
マルガレータ・マグヌセン
安藤貴子 訳

CCCメディアハウス

THE SWEDISH ART OF AGING WELL
by
Margareta Magnusson

Prologue　老いるのはクリエイティブなことよ

わたしが生まれた年のスウェーデン人の平均寿命は、女性が66歳とちょっと、男性は64歳に満たないくらいでした。ルールに従うのが好きだった母は68歳、父は81歳で亡くなりました。母がそばにいたなら、父はもっと長生きしていたにちがいありません。

データによればわたしはとっくにこの世からいなくなっているはずの年齢ですが、わたしの家族は長生きの家系なので、86歳はまだひよっこみたいなもの。曾祖母は１００歳まで生きたのですよ。

あと14年後、果たしてわたしは生きているかしら？　可能性はあるでしょうけど、実際には無理だと思います。というか、どうかそんなに長く生きませんように。

では、たっぷり用意された人生の時間を、どう使いましょうか？　わたしは数年前に本を書きました。テーマはスウェーデンのとある習慣――スウェーデン語で「ダスターデニン（döstädning）」と呼ばれる「終《しま》いじたく」（英語で“death cleaning”）――です。「終いじたく」は年配の女性のする作業と思われていましたし、年齢を重ねた女性の日々の暮らしに世の中はそれほど興味を持ちませんから、この習慣はずっと注目されないでいました。その実用的で役に立つ考え方を伝えたくて、『The Gentle Art of Swedish Death Cleaning』(『人生は手放した数だけ豊かになる　１００歳まで楽しく実践！　１日１つの〝終いじたく〟』三笠書房、２０１８年）を書いたのです。

人生の折り返し地点をすぎたすべての人たち――男性も！――に向けて書いたこの本は32ヶ国で出版され、行動力のある30代の読者の方々からも、このアイデアを早速実行に移し、整理整頓の行き届いた穏やかな暮らしを叶え、「終いじたく」の効果を実感した、とのお便りをいただきました。

自分が旅立ったあとに大切な人の手をわずらわせないために、ガラクタの山を残さないようにしよう、というのが「終いじたく」の発想です。あなたが自分で片づけられたはずのごちゃごちゃを、ただでさえ多忙な家族や友人が喜んで時間を割き、後始末してくれるなんて思うのはまちがっています。もちろん、子どもやだいじな人たちがあなたの使っていたものを形見分けとしてほしがるかもしれませんが、「全部」の荷物を引き受けるわけではないのです。ですから、その人たちが悩まないですむようにしておきましょう。

出版されたあと、わたしの本と「終いじたく」のアイデアは自然と広まっていったようです。1、2年のあいだに、突如としてわたしはとても忙しくなりました。齢《よわい》80をすぎてからこれほどあわただしい日々を送ることになるなんて、まったくの想定外。新聞や雑誌のインタビューを受けたり、ベトナム、アラブ首長国連邦、ドイツなど、世界中から届く質問に答えたり。英語版の出版にあたってロンドンにも足を運びました。

インタビューや取材のたびに、自宅の片づけをどんなふうに行っているのか見せてほしいと頼まれました。おかげで「終いじたく」を何度もすることになって、せわしない日々が落ち着いた頃、小さなマンションの部屋には処分しなければならないものはほとんど残っていませんでした！

部屋を片づけるたびに、気分は明るくなり、頭がすっきりするのを感じました。心の重石になっていたいろいろなものから解放されて、これから先の人生だけを考えられるようになったのです。何しろ、この先「終いじたく」をする必要はもうないのですし。

もし曾祖母と同じ道をたどるとすれば、わたしにはまだ10年以上も人生が残されていることになりますから、残ったもの、つまりいくたびかの片づけを経ても手放さなかったものをあらためてながめてみることにしました。そうしてわかったのは、わたしがずっと手元に残しておいたもの、それは思い出で、今は前よりも小さく、シンプルに暮らしているということです。

身のまわりに余計なものがなくなったら、心が穏やかになって、暮らしのすべてに目が届くようになりました。年をとればそれだけたいへんなことはあるけれど、人生を心ゆくまで楽しんでいます。

長年デザイナーや画家として活動してきたわたしは、作家になりました。新しい世界を、けっこう気に入っているのですよ。

これからお読みいただくのは、老いについて気づいたことを綴ったエッセイです。ときに受け入れがたいものもありましたが、それ以上にすばらしい発見がたくさんありました。そうしたことを振り返りながら書き進めていくと、心が暖かく楽しい記憶——そうでないものもありますが——のなかを漂っているようでした。そんなわたしの思い出がみなさんを知らない場所や時代へとお連れし、楽しませてくれるといいと思います。

この本を書いているとき、世界はロックダウンとパンデミックの渦中にありました。死がまさに目の前に迫り、痛ましいことに世界中でたくさんの命が奪われました。けれど、そんなときでもわたしはあえて、どうすれば一日一日を生きる価値があるものにできるか、それだけに目を向けるよう努めました。

そして、あまり長い本にはしたくありませんでした。年をとった人は400ページもある本を読みたいとは思いません。生きているあいだに読み終わらないかもしれませんし。

もちろん、若い人たちにも読んでもらいたいです。年齢を重ねていくうえで、何を楽しみ、何に気をつければいいかのヒントを得ることができるでしょう。「終いじたく」と同じように、老いを理解して準備をはじめるのに早すぎるということは決してないですし、老いはきっとこれからのあなたの人生に驚きと悲しみを用意しているでしょうから。

この本を書くにあたってもうひとつ心がけたことがあります。それは、時間ばかりがどんどんすぎていく気がして焦ったとき、歴史が動いたとき、変化の多い人生のなかで、孤独な先駆者や地球上でいちばん幸せな女性のような気持ちになったとき、どうしようもなく行き詰まってしまったときに、わたし自身が心のよりどころにしたアドバイスを盛り込むことです。

それはスウェーデン人ならではのアドバイスかって？　そういうものもあります。

うまく年を重ねていくためのスウェーデン流の秘訣はあるかって？　あると思います。いくつかをこの本でご紹介しています。

長寿で知られる日本の沖縄地方に比べたらたしかに及びませんが、わが国もなかなか健闘しています。現在の平均寿命は81・9歳〔訳注／WHOが2023年に発表したデータによると82・4歳〕と、世界で13番目の長寿国なのですよ。

スウェーデン流の秘訣と聞いて、もしかするとみなさんは、わたしと年齢の近い一部のスウェーデン人がするように、若さを保つために凍てつく北海に飛び込むとか、長時間サウナに入るとか、はたまた鹿の角をすりつぶして朝食のシリアルに混ぜて食べるといったような話を想像しているかもしれませんね。だとしたら、ご期待にはそえないでしょう。そもそもそうしたことはおすすめできません。若いときより体力が落ちている人ならなおのことです。わたしだって凍りついた北海を泳いで無事でいられるはずがないですし、サウナでは滑って転ばないようにものすごく注意しなければならないでしょうからね。

でも、率直で現実的で感情に左右されないというスウェーデン人の国民性を考えると、わたしのアドバイスや気づきは「スウェーデン人らしい」と言えると思います。

年をとるのは得てして辛いものですが、ことさら大騒ぎせず、心配しすぎることなく向き合えば、必ずしもそうはならないはずです。

うまく老いるコツを心得ていれば、クリエイティブな日々を送りながら、いくらか楽に年を重ねていくことができるでしょう。

＊＊＊

結局のところ、本当の「終いじたく」はあなた自身が行動に移さない限りは終わりません。ですから、完璧な片づけに役立つヒントと、読者のみなさんからよく尋ねられる質問の答えをいくつか、付録としてまとめておきました。

わたしはこれからもみなさんに、「終いじたく」を継続するようおすすめしていくつもりです（あなたの大切な人もきっとあなたに感謝することでしょう）。「終いじたく」のプロセスにはふたつの大きな利点があることを覚えておいてください。

ひとつは、死に対する恐怖が軽くなること。死は誰にでもやってくるものです。

そしてもうひとつは、どれだけ年をとっていようと、「終いじたく」を終えたあとは必ずや新しい発見があり、自分の人生や今まで積み重ねてきた経験を新しい気持ちで見られるようになることです。いつもの喜びに加え、新しい喜びに毎日出会えるでしょう――〝ミスター（いえ、じつはミスかも！）死神〟が迎えにくる、最期の瞬間でさえ。

ＭＭ

２０２１年９月

Contents

Chapter 1
友と語らいましょう
――ジントニックを飲みながら

わたしには8歳の頃からの親友がいます。わたしはストックホルムに、ローラはニースに住んでいますが、パンデミックの最中でも、おいしい飲みものをいっしょに楽しんでいます。

「ハロー！　つながっているかしら？　ハローーーー！　聞こえる？　来た来た！　久しぶりね！　会えてうれしいわ！……そう、ジントニックをつくったの。さあさあ、いただきましょう。大好きなローラに乾杯！　ああ、おいしい。でも、クリスマスも近いし、この季節にはちょっと冷たいわね。来週はグリューワイン〔訳注／ワインにスパイスやフルーツなどを入れて温めた、ドイツ発祥のワインカクテル〕で温まるのがよさそう……」

あいにく、親友のローラはスウェーデンではなくフランスに住んでいます。残念。しかも、パンデミックの最中にあっては、会うのは難しく、いえ、とても無理な話です。わたしはローラが恋しくてたまりませんでした。

けれど、フェイスタイム、スカイプ、ズーム、チームズ、ワッツアップといった興味深いテクノロジーのおかげで、思いもよらない可能性の扉が開かれたのです。

80歳をすぎたわたしたちが技術の進化についていくことは大切です。でなければ、現代の生活を楽に、楽しくしてくれる多くのものを知らずに終わってしまいかねません。それに、子どもや孫たちに、年寄りだから新しいものを受け入れられないなんて思われたくありませんもの。

こうした最新のテクノロジーは旧交を温めるのにも便利です。ワッツアップを利用すれば好きなときにローラの顔を見て、話をすることができます。おしゃべりしながら、ジントニックやグリューワインを味わうことも。

甘くて温かいグリューワインは、古くからアルプスに暮らす人々の長寿の源でした。わたしたちもそれにあやかろうというわけです。


ローラとはかれこれ80年近くのお付き合い。8歳のとき、ローラはわたしの住むヨーテボリに家族とともに越してきました。ヨーテボリはスウェーデンの西側にある海沿いの街です。わたしたちは2年生から同じ学校に通うことになりました。

ローラは背が高く痩せていて、小さな白い水玉模様のダークブルーのドレスをよく着ていました。わたしはというと、いつも実用一辺倒のスカートにセーター。だからなおのこと、ローラのかわいくておしゃれなドレスを覚えているのかも。

自分も着てみたかったからではないのです。わたしには似合わなかったでしょうし。そんな服をローラは素敵に着こなしていました。あの娘《こ》とどうしても友だちになりたいと思いました。


わたしたちは学生時代をずっといっしょに過ごしましたが、それは別々の道に進んでからも変わりませんでした。

わたしはアートとデザインの道へ、ローラは秘書の学校に。ローラにはすばらしい子どもたちが3人、わたしには5人です。わたしの結婚相手は、仕事で世界中を転々としなければならない人でした。スウェーデンはもとより、アメリカ、シンガポール、香港。地球のどこにいても、わたしたちはずっと連絡をとり合ってきました。

ローラはわたしの次男ヨーンの名親〔訳注／キリスト教で、生まれた子どもの洗礼式に立ち会い、神に対する約束の保証者となる人〕でもあります。ほかの4人の子どもたちはそれをとにかくうらやましがっていました。名親を務めてくれた友人たちのなかでもローラは、子どもたちにとって映画スターを超える人気者だったのです。彼女はいつも最新のファッションに身を包み、国際色豊かなアクセントでにぎやかに話し、ダンスが大好きで、きれいな髪にパーティ・ハットがよく似合っていました。

わたしたちの子ども時代には、夏になると都会に住む人たちが新鮮な空気を吸いに田舎のコテージを訪れ、ひと夏をゆったりと過ごしたものでした。少し行けば食料や基本的な生活用品を買える村がありましたが、コテージはたいてい離れた場所に点在していて、ほかの人たちとほどよい距離を保つことができました。

街の喧噪から遠く離れた暮らしは快適そのもの。もちろん、たまには友だちが恋しくなりましたけど。

ヨーテボリから30～40キロほどのところに、わたしの家族の別荘がありました。子どもの頃は週末や休暇になるとその家を訪れ、やはりしょっちゅうやってくる叔母や親戚たちと楽しんだものです。ローラを含め、友だちを招くこともありました。

春になるとよく、ヤブイチゲなどの花を摘みました。ローラは花摘みの天才でした。誰もかないません。いつのまにやら、白と黄色の愛らしい花をたっぷりと両手いっぱいに抱えてあらわれるのです。いっぺんにたくさんの花をつかんでは、次から次へと摘んでいったのでしょうか？　いいえ。ローラはものすごい集中力で、手際よくひとつひとつ花を摘んでいました。

ローラは心の広い礼儀正しいお客様でしたから、摘んできた花をわたしの母に渡しました。母はそれを花瓶に生けてくれました――ローラの大きな花束と、わたしの小さな花束を。

＊＊＊

子どもの頃の思い出は、今もわたしたちを笑わせてくれます。

あるとき、屋根裏部屋でしまい込まれたままの大きなトランクを見つけました。さっそく開けてみると、中にはずいぶん古ぼけた衣服が入っていました。もう誰も着ないようなぼろぼろの長いイブニング・ガウンや、花飾りとベールのついた帽子。昔の女性たちが肩にかけていたキツネの襟巻きには、尻尾も足もぺちゃんこになった頭もついていました。いくらおしゃれのためとはいえ、現代の人々はこんなこと絶対にしませんね。

とはいえご想像通り、わたしたちは着せ替え遊びをしましたよ！　あまりに愉快で、お互いの姿を見てどれだけ笑ったかわかりません。

それからそのままのかっこうで階段を降りて、遊びに付き合ってくれそうなご近所さんやお客様にご挨拶に行きました。そんなことをしてくれるのは、たいてい母だけでしたけれどね。

ローラが家族で夏を過ごしたのは、ヨーテボリの南諸島

群の島でした。当時そこには、ヨーテボリの石の桟橋から出発する白い蒸気船に乗って行きました。今ではちゃんとしたフェリー・ターミナルができて、船もはるかにスピードアップしています。昔のように船でお昼を食べる時間もないくらい。

蒸気船に乗ると、旅がはじまるんだとわくわくしました。

港を出るとすぐに、西海岸特有の心地よい海風が吹いてきました。わたしはじつに独立心旺盛な子どもでした。というよりは、時代がちがったのかもしれませんね。12歳にもならないうちからひとりでトラムで蒸気船乗り場へと向かい、船に乗ったことを覚えています。

小さな島の桟橋では、ローラと彼女の弟がわたしの到着を待っていました。島の小さな村をぶらぶらしながら、ゆっくり時間をかけてローラの家に向かいました。途中

でふたりはダンスホールやテニスコート、もうひとりのクラスメートであるエーリクの家を案内してくれました。

ときどき岩を登ってエーリクの家に行き、彼や彼の姉妹と冷たい北海を泳いだり、ディンギー〔訳注／船室のない小型のヨット〕をこいだりしました。

またあるときは、石で貝を割って紐にくくりつけ、それを海にたらしました。波止場にうつぶせで寝転がり、小さな蟹がやってきて餌に食いつくのを待ちます。しばらくたったら蟹を引き上げ、ディルで味付けしていただきました。

毎年、夏には蟹をたくさん捕まえたものです。あのおいしさは今でも覚えています。

＊＊＊

ローラもわたしと同じように、ご主人や子どもたちと世界各地に住まいを移しましたが、わたしたちは常に連絡し合うよう心がけてきました。メルンリュック〔訳注／ヨーテボリ近郊の街〕、ニースやブリュッセル、ミネアポリスではお互いの家を訪問しました。ドバイでもいちどそんなことがありましたっけ！

その頃は、よほど重要な用事でもない限り外国に電話をかけることはありませんでした。理由は簡単。通話料金がめっぽう高かったからです。

手紙を書けばよかったのでしょうけど、幼い子どもたちを育てながら引っ越しを繰り返す日々のなかで、どこかに腰を落ち着けたり、穏やかな心で考えをまとめたりする余裕はありませんでした。次から次へといろいろなことが起こるものだから、いったいどのタイミングで手紙を書けばいいのか、わからなくなるのでした。

それでも、ローラとわたしはなるべく会う時間をつくるようにしました。

ずっと前からの友だちなら、たとえしばらく会えずにいたとしても、すぐにおしゃべりがはじまります。お互いの生い立ちや家族も知っていますし、同じ時代を生きてもきました。まるで空白期間などなかったかのように、話は尽きません。幸せなできごとや辛いできごと、旅行、子どもたちや学校、新しく知り合った人たちなど、話すことはいくらでもあります。


どこに住んでいても、わたしたちは年にいちどは帰国するようにしました。里帰りはだいじな機会でした。自分がスウェーデン人であるという気持ちを忘れたくなかったからではありません。家族や友人たちと会って、一年分の話を聞きたかったからです。

ときには、国を離れているあいだに高齢の親戚が亡くなっていたと知ることもありました。悲しいけれど、人が亡くなるのはあたりまえのことなのだからと自分を納得させようとしました。ですが、帰国してその人たちがもうこの世にいないと知らされるときのショックには、決して慣れることはありませんでした。

わたしも今は80歳を超え、知り合いが突然いなくなることも増えてきています。けれども、今もって死は自然なことだと割り切ることができません。誰ひとり永遠に生きられないと頭では理解していても、つい最近話したばかりの友だちにもう二度と会えなくなるのは、やはりひどく悲しい。一瞬にして底なしの虚しさに襲われます。

思い出は、忘れたくないできごとや人々を心の中で蘇らせてくれます。でも、いちばん大切な人たちは、どんなときでもわたしの中に、わたしの隣にいます。ですから、何をしたか、何を話したかをことさら思い出す必要はありません。だいじな人たちはあなたの一部になるのです。そんなふうに思うと心が癒やされます。

＊＊＊

ともあれ、今はジントニックを味わいましょう。

一週間待ちに待ったひととき。楽しいに決まっています。ローラの声と、彼女のグラスの中で氷がカランと鳴る音が聞こえます。


「覚えてる？　12歳のときに……」

「ガールスカウトで、結び目のつくり方や傷の手当ての仕方を教わったっけ」

「大きなバックパックを背負ってキャンプに行ったわよね。テントを張って大きなキャンプファイヤーをして。夜はそのまわりに腰かけて、棒パンを焼くの」

「焦げちゃってそれほどおいしくはなかったけれど、とっても和やかな雰囲気で、友だちがたくさんできたわ」


乾杯してジントニックをひと口飲み、声を立てて笑います。

「エクス＝レ＝バン〔訳注／フランスのサヴォワ県の都市〕に語学研修に行ったときのこと覚えてる？」
「ほぼ全員が○○に恋しちゃったの」
「いろいろな男の子たちと知り合ったけれど、フランス人とはあんまり、だったわね」

などなど、途中で終わった話をまたはじめたり、ふたりだけの思い出を温め直したりしながら、話はいつまでも続きます。ほどなくして、グラスは空になりました。

「元気でね」

「また近いうちにおしゃべりしましょう」

ときおり思うのです。どちらが先に呼びかけにこたえなくなるのかしら、と。

Chapter 2
世界はいつだって終わりかけているわよ

わたしは第二次世界大戦、冷戦、キューバ・ミサイル危機、チェルノブイリを生き抜いてきました。そして今では気候変動に直面しています。常に破滅と隣り合わせの80年をどう生きてきたか、ユーモアのセンスを忘れないためにはどうすればいいかをお話しします。

非常事態、不安な日々。そんなときでも、毎朝4時頃、新聞が郵便受けに届くとちょっとほっとします。

祝日は新聞が届きません。お休みの日は嫌いです。かつて、休日は行事が盛りだくさんの特別な日でした。家族旅行にスポーツ大会、船の旅、海水浴、ゆったり楽しむキノコ狩り。ところが今では、とりわけこのパンデミックがはじまってからは、休日だからといって何があるわけでもありません。新聞さえ来ないのですから。

休日は別として、わたしは朝起きるとときどき、一軒一軒に新聞を配達する勤勉な人を窓からながめます。あの女性はわたしが見ていることに気づいているかしら。こんな早朝でなければ、窓を開けて「ご苦労様！」と叫びたいところです。

先日、朝刊を読んでいると、天気予報士に扮したことがあるブラッド・ピットのことばが、ナイフのように不意に目に飛び込んできました。自然と気候について書かれたその記事の中で、人間は未来に何を期待できるかと問われたピットは、短くこう答えています。

「わたしたちに未来はありません」

それを見て、近年の北極とは正反対にわたしは凍りつきました。年老いた者からすれば、彼のことばはいろいろな意味で真実なのです。

そもそも80歳をすぎると、何かを楽しみに待つなんてことはそう多くありません。わたしたちはごきげんになれる、未来ではないほかの何かを見つけるよう心がけねばなりません。そして、まわりに目を向ければ、楽しみは何もかも自分のまわりにあるのだと気がつきます。

たとえば最近だと、今日も身体の調子がよく、太陽がさんさんと輝いて、気の合うお友だちが散歩に付き合ってくれて、外で起きているさまざまなものを楽しめることに幸せを感じます。春先に地面をブルーで覆い尽くすシラー・シベリカの花。夏の暑さと緑の濃さ。秋にはバルコニーを包み込もうとするような、木々の黄色い葉と濃い赤色のアメリカヅタ。

あらいけない。つい未来のことを考えていました。自分で決めたルールを守るのは、なんて難しいのでしょう！

＊＊＊

以前はそり滑りやスキーを大いに楽しんだものでしたが、この年になるともう雪が降ってほしいとは思いません。転んでもすぐに立ち上がって笑い飛ばし、また歩きだすなんてことはもうできません。年をとったら絶対に転んではいけないのです。

子どもの頃、冬になると高齢の人たちはよくキックスレッドで雪の中を動き回っていました。キックスレッドはスキーのついたイスとでも言いましょうか。ひとりがイスに腰かけて、もうひとりがイスの後ろでスキーの上に立ち、片方の足で雪道を蹴って前に進んでいきます。懐かしいわね。今乗ってもたぶん大丈夫じゃないかしら。つかまるところがあるぶん、安全ですしね。

そうはいっても、キックスレッドを動かすのにはかなりのエネルギーがいります。今のわたしにそんな体力があるとは思えません。

さんざん子どもたちに聞いてみて反応はわかっているので、あらためて母親をキックスレッドに乗せてストックホルムを走ってほしいと頼むつもりもありません。それに、近頃は街中でキックスレッドをめったに見かけなくなりました。もしわたしがキックスレッドで疾走したら——実際は誰かに押してもらうのだけれど——、風を切って進んでいく、いえ、ぜーぜー息を切らす姿を見て、ストックホルムの人たちは笑いが止まらないに決まっています。

何より、よく考えてみたら、ずいぶん前になりますが、夫のラースと暮らしていた田舎の村からストックホルムに引っ越すにあたって、終いじたくをしてキックスレッドを処分していたのでした。

＊＊＊

わたしが幸せを感じるもうひとつのものは、古い蔵書です。なかでもお気に入りは夫のすすめで読むようになったサマセット・モーム。ほかにもガブリエル・ガルシア＝マルケス、トーベ・ヤンソン、デビッド・セダリス、クリスティーナ・ルーン〔訳注／スウェーデンの劇作家〕、カズオ・イシグロなどを好んで読みます。

大好きな古い本はどれも手放したくありません。新しい本がどんどん出版されていますし、そういうものを読んだほうがいいのかもしれませんが、わたしは古い本を5回、6回、7回と読み返すのが好きなのです。昔からの友だちに会うみたいに。

コンピューターは便利ですが、思ったように動いてくれないといらいらしますね。でもそんなときには強い味方がいます。孫やご近所さん、それからコンピューターに詳しい古い友だちも！

コンピューターの使い道は料金の支払いだけではありません。知りたいことはなんでもコンピューターで調べられます。レシピを検索したり、大好きなストライプ模様の歴史について学んだり、月経カップの機能を知ったり、ラジオで耳にした今どきのポップスにまつわる裏話を見つけたり。ソリティアもできます。

ほかにもゲームをしたり本を書いたり、幅広いジャンルの音楽を聴いたり、見逃したテレビ番組を見たりもできるのです。

幅広い年齢の友人たちとコーヒーを飲み、おいしい食事をともにする時間は、ことのほか有意義です。けれど、コロナ禍にあっては、残念ながらそれもひと苦労でした。冬なんかとくにたいへん。古い冬服を着込んで、バルコニーか公園で会うほかにありませんでした。

そういう意味でも、電話があって本当によかった！　子どもたちは、なぜ電話を2台持ちたがるの？　と首をかしげています。じつは、彼らに内緒にしていることがあるんです――ついついどこかに置き忘れてしまう携帯を探すのに、固定電話から電話をかけているのですよ。

電話が2台あると、電話口で待たされるときにとにかく便利。

「電話をおつなぎするまで、しばらくお待ちください。お客様の順番は357番目です」

なんて言われたって、電話を保留にしたままで、もう1台の電話を使ってもっと楽しいことができますからね。

わたしの年になると、技術の進歩がもたらす悪影響についても考えます。

工業化は汚染を生みます。プラスチックは手術用の器具や装置の材料としては優秀ですが、海にとってはありがたくないものです。飛行機の旅は楽ですが、そのために何が犠牲になっているのでしょう?

わたしの世代、そしてもっと上の世代が地球をひどく粗末に扱ってきたことが残念でなりません。でも、わたしはブラッド・ピットの言ったことがまちがいであるよう願っています。わたしたちに未来はあるはずだ、と。

凍えるほど寒くて暗い、孤独な冬の日には、不安をかき立てる彼の悲観論に飲み込まれてしまうときもあります。そのたびに、世界の終わりが目の前まで迫ってきたことは人間の歴史において数え切れないほどあったし、わたしが生まれてからも何度もあったと思い直すのです。

今もって、奇跡的に、世界の終わりはやってきていません。わたしの人生の終わりはもうそろそろかもしれないけれど。


人間は幾度となくパンデミックを生き抜いてきました。

わたしの父ニルスは医者でしたが、1918年3月から1920年6月にかけて世界中に蔓延したスペイン風邪について、ときどき話を聞かせてくれました。スウェーデンだけでも3万7000人が、この病で命を落としました。

当時まだ若かった父の家の近くに住んでいた家族は、お母さんと10代の娘さんがスペイン風邪にかかりました。病気の勢いはすさまじく、1週間とたたぬうちにふたりとも亡くなったといいます。人々はみな不安で、怯えてさえいました。父の話では、一般の病院はすでに患者であふれていたため、専門の病院が建てられ、墓地で働く人たちは遺体の埋葬に追われていたそうです。

スペイン風邪の流行から一世紀がたち、技術も医学も進歩したというのに、先だってのパンデミックに世界はうまく対処できませんでした。もしかすると恐ろしいのは未来がないことではなく、人間がこの先も同じことを何度も繰り返し、同じまちがいを山ほどしでかすことなのかもしれません。

わたしが生まれてから、世界では戦争のほか、数々の大災害や大惨事が発生していることを思うと、これほど長く生きている自分に驚くばかり。思い返せば、よく恐怖で死ななかったものです。おそらく状況の深刻さがわかっていなかっただけなのでしょうね。

どうやら人は長いこと怯えていられるほど強くないようです。暗黒の時代にあっても人間はよろよろと前に進み、どうにかして生き残っていくのです。

＊＊＊

１９３９年に第二次世界大戦が勃発したとき、わたしは幼すぎて戦争のおぞましさをよく理解できていませんでした。ただ、両親が心を痛め、ぴりぴりしているのだけは気がついていました。

テレビはまだ普及しておらず、両親はよくラジオを聞いていました。ときどき電波がうまく入らなくなるので、子どもたちは騒がずじっとしていなさいと言われていました。パチパチ、プツプツという音に混じって、とぎれとぎれに男の人の叫ぶ声が聞き取れました。それは、ヒットラーの演説でした。彼のことばはわたしたちを震えあがらせました。

社会が不穏な空気に包まれていたとき、姉とわたしは数ヶ月間ヨーテボリを離れて疎開していました。ヨーテボリはスウェーデンの重要な港湾都市のひとつなので、必ずや攻撃の標的になると考えられていました。そのため母がわたしと姉を車に乗せ、内陸地方に住む親友のもとに預けたのです。

母の友人はわたしたちを家族で営む農場に迎えてくれました。いろいろなものを家に残し、母と離れるのは心細かったですが、田舎への疎開は想像していたよりもずっと楽しい経験でした。

農場は大きくて、きちんと管理されていました。一家はその土地で採れたものを食べ、動物や作物の恵みを余すところなく売って生活していましたが、そのためには身を粉にして働かなければなりませんでした。

農家の朝はたいそう早いけれど、10歳に満たないわたしは好きな時間に起きていいと言われていました。午前10時まではテーブルに朝ごはんが用意されていたので、ひとりでパン、バター、マーマレード、卵をおなかいっぱいいただきました。テーブルの上には幸せそうな顔をした、布でできた雌鶏が置いてあります。ぽってりしたお尻をさわると、ほんのり温かいゆで卵の感触が。そのおいしさといったら！

農場には動物がたくさんいました――雌牛と子牛、馬、豚、鶏、七面鳥。七面鳥の餌やりがわたしの仕事でした。責任重大です。七面鳥の餌は、エン麦と刻んだ固ゆで卵、それと忘れてしまいましたがほかの材料を混ぜたべとべとしたもの。わたしが小屋に近づくと、ディナータイムだと気づいた七面鳥がガーガー鳴きながらこちらに向かって飛び跳ねてきます。

わたしは怖くて、大急ぎで水と餌を与えました。後ろ手で小屋の扉を閉めたときは、ほっと胸をなでおろしたものです。

それに比べて、母の友人のお供をしてホワイトアスパラガスの畑に行くときは気が楽でした。植えつけた株の根に砂質土をこんもりとかける作業や、夏の初めにアスパラガスを収穫する様子を、興味津々でじっと見ていました。

＊＊＊

母の友人は優しくておもしろい人でした。夕食

がすむとときどき、地域の人たちの話を聞かせてくれました。なかでも記憶に残っているのはこんなお話です。

あるとき牧師さんが馬車に乗っていると、向こうからも馬車がやってきました。ちょっと狭い道だったので、牧師さんの馬車の御者が反対側の馬車の老人を怒鳴りつけました。

「どけよ、じじい。牧師さまのお通りだぞ」

「はいはい、わかりましたよ」とおじいさんはのんびりと答えました。

「けどねえ、だからって道が広くなるわけじゃないからねえ」

彼女の話には個性豊かな地元の人たちがたくさん登場しましたが、その人たちはやはりお話に出てくる気位の高い「誰かさんたち」よりもはるかに分別があるのでした。

馬が農場の作業をしていないときは、たまに大きなクライズデール〔訳注／スコットランド原産の馬〕に鞍なしで乗せてもらいました。乗馬の経験はそれほどないわたしでしたが、馬はこちらの言うことを全部理解しているようでした。ここに行きたいの、と言えば必ずそこに連れていってくれましたし、農場に戻って馬から下りたいと思ったら、ゆっくりと止まってくれるのです。

その一方で、世界のどこか遠くでは、爆弾が落とされ、ガス室に毒ガスが送り込まれていました。

そのときは何も知りませんでしたが、今になってみると、極限の恐怖とささやかな喜びが同時に存在しうる、信じがたい世界だったと感じます。

＊＊＊

かといって、世界で何が起きているのか、わたしはまったく気がついていないわけではありませんでした。ヨーテボリに戻り、夕食の席で父と母がその日のできごとを話しているのを聞いていれば、どうしたってわかってきます。世界はいつ終わりを迎えてもおかしくない。そんな状況が何ヶ月ものあいだ続きました。

5月7日〔訳注／ドイツが無条件降伏した日〕、ふたたび平和が戻ると知らされた日のことは決して忘れないでしょう。喜びと安堵で、誰もが狂喜乱舞しました。わが家の外の道は大騒ぎ。ええ、もちろん、わたしもその輪の中に入りたいと思いましたよ。なんと、驚いたことに、その日わたしを止める人はひとりもいませんでした。

目抜き通りのクングスポーツアベニンでは、ものすごい数の人々が歌い、叫び、騒いでいました。窓から旗やスカーフやハンカチを振る人たちもいます。ごみ箱の中身をまき散らす人までいるものだから、そこら中に紙の切れ端がくるくる舞っていました。家に帰ろうとしても、あの状態では無理だったでしょうね。何しろ通りという通りが人であふれていましたから。

どうしようもなかったので、みんなについて行くことにしました。押し合いへし合いしながら進み、ヨーテボリ中心部にあるメイン広場、イェータプラッツェンに着くと、そこでも人々が思いのままに演説をしたり、歌を歌ったりしていました。

市中心部に立つポセイドン像のまわりにあんなに多くの人が集まっているのを、わたしは見たことがありませんでした。そこは、夕方友だちと自転車でぐるぐる走ったりするようなところなのです。

いつもは人などいないのに、その日だけはすし詰め状態。いちど、両足を地面から浮かせたらどうなるか試してみましたけど、転びませんでした！　人に挟まれて少しばかり窮屈でしたが、群衆はすぐにいなくなりました。走って家に戻り、その日目にしたものや感じたことをくまなく家族に報告しました。

あの日から30年あまりのち、東京でまったく同じことを試してみました――ラッシュアワーの地下鉄の車内で、床から両足を浮かせてみたのです。結果は、やはり転びませんでした。まわりに立っていた日本人の通勤客のみなさん、いつぞやはご迷惑をおかけしました。

平和とともに学校にも活気が戻ってきました。先生たちは優しく、生徒ひとりひとりが自分の思いを話す機会をつくってくれたので、全員の心の内を知ることができました。

わたしが通っていたのは宗教色のない学校でした。ほかの学校とは異なり、どんな子どもも受け入れられ、キリスト教の授業中に教室の外のベンチで待っていなければならない生徒もいませんでした。その学校にはキリスト教の代わりに宗教学と呼ばれる科目があり、イエス・キリストや聖霊と同じようにビシュヌ神やブッダについても多くを学びました。

近所に住む友だちの話ですと、ほかの学校では毎朝宗教集会があって、そこで歌う賛美歌を暗記しなければならなかったそうです。

わたしの学校はちがいました。毎週土曜日に行われる集会では、先生のうちの誰か、あるいはゲストが、旅の思い出やいつか目にした興味深いものについてのお話をしてくれました。たまにピアノを弾いたり、スライドを見せたりする人も。ですから、わたしにはそらで歌える賛美歌はありません。

その宗教的な寛容さから、さまざまな信仰を持つ多くの親が子どもたちをその学校に通わせていました。仲良しのお友だちのなかにはユダヤ教徒もいて、よくいっしょに遊んだものです。

戦争中、そして終戦後も何年かは、友だち選びには注意したほうがいいと警告する手紙が何度も届きました。特定の人を名指しして、彼らとは付き合うな、というのです。悲しいし気分も悪いし、腹も立ちました。けれど、そんな反ユダヤ主義のメッセージなどものともせず、わたしは自分が選んだ人たちとの友だち付き合いを続けました。

＊＊＊

１９７０年代、80年代にわたしたち家族はアメリカのメリーランド州とシンガポールで暮らしました。

シンガポールには地元の学校のほかに、フレンチ・スクール、ブリティッシュ・スクール、アメリカン・スクールがありました。アメリカに住んでいたときは子どもた

ちを現地の学校に通わせていたので、1万マイル離れたところに移ってからも同じ教育制度のもとで学ばせるのがいちばん賢明だと考え、子どもたちをアメリカン・スクールに入れることにしました。

ほどなくわが家では学校生活が最優先になりました。子どもたちはシンクロナイズド・スイミング、フットボール、チアリーディングといったアメリカらしい活動にいくつも参加しました。

夫とわたしは、土曜日はたいてい競技場の観客席で息子たちの試合と娘たちのチアダンスを見て過ごしました。朝早くから夜遅くまで。熱帯気候特有の蒸し暑さをクールダウンするため、実況席の人たちはビールを飲んでいました。それも一日中。

最後の試合がはじまる午後9時頃には、いつもだいぶ酔いが回っていました。選手の名前を呼びちがえたり、どぎついけれど笑えるジョークを言ったり、観客の誰かについてコメントしたり。

「みなさん、見てください。テリー・バーンズが来ています。最近辛い痔の手術を受けて退院したばかりです。彼に拍手を！」なんて。

友人のボートに招かれたこともあります。海の近くで育った人にとっては、海に出るのが何よりの喜びでした。わたしたちが泳いでいるあいだに、塩味の効いたおいしい蟹と魚の頭《フィッシュヘッド》のカレースープが用意されていました。料理はバナナの葉の上に載せてたっぷりのご飯とともに供されました。

ある週末、別の友人家族がヨットの助手を必要としていました。なんでも、ジャワ島にあるインドネシアの首都ジャカルタからシンガポールまで、セーリングするのだそう。セーリング・ヨットの持ち主はわが家に船乗りがそろっていると知っていて、力を貸してほしいと頼んできたというわけです。

当時17歳だったいちばん下の息子、トマスが興味を示し、名乗りを上げました。スパイスの島、サメ、大クラゲ、そしてサンゴのあいだを縫うような南シナ海のセーリング。聞いただけで心が躍ります。旅は三日間の予定でした。

トマスの旅は、わたしたちの想像をはるかに超える、まさに冒険に満ちたものになりました。

船長はジャワ島からシンガポールまで何度もセーリングした経験があり、航路については絶対的な自信を持っていましたが、それゆえに気が緩んだのか旅に必要な海図一式を持ってくるのを忘れました。しかも、ジャカルタを出て2時間後にエンジンが動かなくなりました。

それでも彼らは落ち着いて、帆を張って数時間船を動かしました。すると今度は突然ランニング・バックステー〔訳注／マストを後方から支えるマスト中間部から伸びる索具〕――重要なリギン〔訳注／マストやセールを支えるロープ類の総称〕のひとつ――が壊れたのです。

船長は近くにいるほかの船に連絡を試みましたが、応答はありません。海図を忘れてきたばかりに、気づいたときにはヨットはすでに狭いサンゴ環礁にはまり込んでいて、方向転換もできなくなっていました。

息子のトマスは、長いロープを結わえて救命具をつけたアンカー（いかり）とともにロープの届くところまで泳いで行き、救命具を外してアンカーを下ろしました。それが海底に届いたら、船上では船尾に設置したウインチでロープをたぐり、船をできる限りアンカーに近づけました。

そしてアンカーを引き上げ、ふたたび救命具をつけると、トマスがまた泳ぎます。そうやって、苦労しながらヨットを徐々にバックさせるのです。狭いサンゴ環礁を抜け出して、ヨットが前方に進めるようにするために、気が遠くなるほどこのプロセスを繰り返さなければなりませんでした。

シンガポールでは、予定の三日をすぎてもなんの連絡もなく、心配は募るばかりでした。10歳にして敬虔なキリスト教徒だった娘のひとりは、教会に兄の無事を祈ってほしいとお願いしました。彼女は兄の身を案じ、ひどく心を痛めていたのです。わたしは不吉な予感にただうろうろと動き回るだけでした。息子のことで頭がいっぱいで、夜も眠れません。ＶＨＦ無線にも応答はありません。世界は終わるんだと思いました。

警察沿岸警備隊にも通報しました。南シナ海でセーリング・ヨットが海賊に襲われることは珍しくないからです。しかし、彼らはシンガポールの海域だけをパトロールして、船は管轄外のどこかにいるのだろうと結論づけました。それ以外の可能性を考える気には、わたしはとてもなれませんでした。

音沙汰のないままさらに一日がすぎ、たとえようのない絶望と心配でいてもたってもいられなくなった夫のラースは、小型飛行機をレンタルしてパイロットを雇いました。上空から息子を探そうというのです。きっと眼下には、海の青と島の緑がきらめいていたことでしょう。けれども自然の美しさを楽しむ余裕など当然ありません。夫の願いはただひとつ、息子を見つけることでした。

やっとのことで、ラースはヨットを見つけました。かなりゆっくりした速度でシンガポールのほうに向かって動いてはいましたが、相変わらず風はなく、帆は力なくはためいていたといいます。いくぶん安堵したラースとパイロットはシンガポールに戻り、ヨットのおおよその位置を警察沿岸警備隊に伝えました。

幸い、船はどうにか管轄内にいましたので、警察沿岸警備隊がヨットを発見し、港まで牽引してくることができました。

翌日、わたしたちは行方不明だった船乗りたちを出迎えました。三日の予定が七日間の旅になりました。人生最大の冒険をしたトマスは元気でした。世界は終わっていなかったのです。わたしにとっても、そして、トマスにとっても。

＊＊＊

夫のラースは頑固な人でしたが、トマスの件のトラウマから何かを学ぶべきだったのかもしれません。ラースは海や海の生き物や船が大好きで、機会があればとにかく海に行っていました。

あれから一年か二年たっていたでしょうか、わたしたちはクリスマス休暇にマレーシアの西海岸を通ってマラッカ海峡へとセーリングすることにしました。

知り合いのご夫婦が大型のカタマラン（双胴船）を所有していて、有料で数日間の南シナ海セーリングをしていると聞いたからです。イギリス人のご主人が船長を務め、タイ人の奥さんがお料理を担当します。以前家族でスウェーデン西部のブーヒュースレーン地方の沿岸を船で旅した楽しさが忘れられなくて、船をチャーターすることに決めました。12月のあの時期にスウェーデンに帰国するのはたいへんだし、航空券も高いですからね。それに、セーリングができるくらい暖かいクリスマスも魅力でした。


あのとき、もうちょっとよく考えればよかった。

船上で過ごすクリスマスを、わたしたちは心から楽しみにしていました。ラッキーにも、出港の日は晴れで風もちょうどいい具合。クリスマス・イブの前の日には、南シナ海に点在するたくさんの無人島のひとつに上陸しました。船の硬い床とはうって変わって、白くて柔らかい砂の上を裸足で歩くのが心地よいこと。

砂浜でしっかりした木の枝を見つけたので、クリスマス・ツリーをつくることに。船に運び、貝殻やサンゴで飾りました。

ふたたび海に出るとすぐに、近くに一艘の船がいるのに気がつきました。遠くから見る限り、おんぼろの手製のボートのようです。エンジンのあたりから煙を吐き出していています。しばらくのあいだボートは距離を保ったままこちらをつけていましたが、そのうちにじわりじわりと近づきはじめたのです。ぞっとしました。

船長はますます不安を募らせていきました。ひょっとすると追跡者は海賊かもしれない。彼は重苦しい口調でそう言いました。

海賊——マラッカ海峡で絶対に会いたくない連中。南シナ海に出没する現代の海賊は、昔の海賊と同じです。あなたの船に近づいて乗り込んできたかと思うと、喉を切り裂き、金目のものをすべて奪い取っていくのです。

心配になった船長は、遠目からは銃と見まちがえそうなものをどこかから引っ張り出してきました。そして、それを近づいてくるボートのほうに向けて構えました。ボートが距離を詰めてきた数分間は、まるで永遠のように感じられました。すると突然、ボートは進路を変えて、煙を吐きながら海の向こうへと姿を消しました。

その日も、やはり世界は終わりませんでした。

子育ての日々を振り返ってしみじみ実感するのですが、わたしは子どもの心配をすることはめったにありませんでした。もっと心配しておけばよかったかしら。

世界のどこに住んでも、人々はみな外国人のわたしたちに優しく親切でした。それに、わが家の子どもたちはたいていものわかりがよく、ティーンエイジャーの頃もどうにか危ない目に遭わずにすみました。

シンガポールと聞くと、治安は大丈夫かなと思うかもしれませんが、うちの子どもたちがトラブルに巻き込まれたことはありません。帰宅時間は自由にさせていましたが、みんないつも常識的な時間に戻ってきました。

一方で彼らのアメリカ人の友だちはしじゅう親が目を光らせていて、厳しいルールと門限が決められていました。守らなければ厳しい罰が与えられます。案にたがわずかもしれませんが、しょっちゅう問題を起こすのはたいてい親の締めつけがきつい子どもたちでした。

これまでに、心配ごとは山のようにありました――けれど、いまも世界は存在しています。わたしの子どもたちも。

＊＊＊

戦争が終わった日のことやそのとき感じた幸福を、わたしはいまも折りに触れて思い出します。けれど、そんな喜びも長くは続きませんでした。東西対立の激化はいわゆる武力による戦争こそ引き起こしませんでしたが、不安に覆い尽くされたような日々が何十年にもわたって続きました。

核戦争の脅威が常に身近に感じられるようになり、子どもたちにもしょっちゅう話して聞かせなければなりませんでした。

大惨事や大災害も次々に起こりました。たとえばチェルノブイリ原発はスウェーデンからわずか数百キロの距離にあり、放射性物質はスウェーデンの海岸まで拡散しました。それからエイズ。さらには発がん性物質まみれの世の中。

世界はいつも終わりかけています。

しかしそれでも、世界は存在し続けているのです。

この世界が未来永劫続いていくという希望を失ってはいけませんが、ただ望んでいるだけではどうしようもありません。その頃には自分はもうこの世にいないからといって、今の生活にしか目を向けず、可能性のある未来を実現するための行動を怠ってはいけないのです。

哲学者のカントは言いました。ことあるごとに、何かをするたびに、自分にこう問いかけなさいと——「もしみんながこれをやったとしたらどうなる？」

このルールは効果的です。そんなふうに考えれば、何が正しくて何がまちがってい
るかがよくわかるからです。
わたしたち全員がその行動をとったらどうなるだろうかと想像してみてください。
わたしの年になっても遅すぎることはありません。
そうすれば、世界は決して終わらないでしょう。

Chapter 3

手ぶらで行かないで

お迎えが来たとき、持ちものを「全部持って行く」ことは誰にもできませんし、生きているあいだに毎日世界をよくするための方法はたくさんあります。数十年前にある人から聞いたひと言が、人生にとってかけがえのないアドバイスになりました。

わたしの知る――亡くなった方ですから、知っていたと言うべきでしょうか――ひとりの聡明な女性は、きれい好きな人でした。名前をビルギッタといい、１９７０年代後半にわたしが初めて個展を開いたヨーテボリの画廊のオーナーでした。

ビルギッタの画廊は通りに面した、短い階段を5段降りたところにあり、作品を見にくる人々が絶えず出入りしていました。ヨーテボリでも画廊が多く集まるその通りは、売春婦たちが行き交う場所でもありました。ハイヒールを履いたブロンドの女性が、たびたび画廊を訪れて作品をながめていたのを覚えています。昼間はダークブラウンの髪をしたその女性が、スリッパでやってくることもありました。

わたしは気にしませんでした。芸術を愛する人たちは多種多様。みんな仲間です。彼女は作品を指さして、よくこう言ったものです。

「あの絵、いいわね」

わたしの作品を気に入ってくれたことも何度かあります。とても光栄でした。彼女は大好きなお客様でした。

画廊の入り口の左には、大理石製の大きなテーブルが置かれていました。焼いたメレンゲのようなライトブラウンのテーブルのまわりには、昼となく夜となくヨーテボリの著名な文化人たち（数はそう多くはありませんでした。ヨーテボリは大都市ではありませんしね）が集い、コーヒーやシェリー酒を味わいながら、芸術を語り、政治について議論を闘わせていました。

わたしは夜の集まりに出たことはありません――5人の子育て中は、夜の外出などとうていできませんでした――が、そのときビルギッタが必ず口にすることばがあるのは知っていました。誰かが立ち上がり、洗面所や、画廊のミニキッチンにスナックやシェリーのおかわりを取りに行こうとすると、彼女は穏やかに、けれどもはっきりと、こんなふうに声をかけるのです。

「手ぶらで行かないで！」

画廊に飾ってある絵を壁から外して家に持って帰って、という意味ではありません。ビルギッタは、テーブルをきれいにするのをちょっと手伝って、とみんなに頼んでいたのです。どのみち中に入るのですから、ついでに何かを持っていけば片づけを手伝える、というわけ。

ビルギッタの親しみの込もった優しいお願いは、シンプルで筋が通っていました。それに、彼女はそこにいるすべての人に同じように声をかけるのです。相手がボルボのCEOでもヨーテボリ美術館の館長でも、画廊のインターンでも芸術家でも、全員に。断る人はひとりもいなくて、みんなが片づけに協力していました。

ビルギッタのことばの効き目を知ったわたしは、家でもやってみることに。するとあっという間に、それはわが家のきまりごとのひとつになりました。しかも、使えるのは夕食後のテーブルの片づけのときだけではないのです。

「手ぶらで行かない」ルールは、生活のいろいろな場面で役に立ちますよ。

寝室の床に汚れた服が転がっているのに、手ぶらで洗濯かごの横を通りすぎるのは、賢いとは言えませんね。それでは服の山は大きくなるばかり。手ぶらで行かないで。

家を出るときは、ついでにゴミを出しましょう。手ぶらで行かないで。

家に入るときは、玄関のドアマットに落ちている郵便物をまたいではいけません。拾いましょう！　手ぶらで行かないで。

友だちのマリアは、また別の方法でものに振り回されない暮らしをしています。新しいものをひとつ手に入れたら、持っているものをひとつ手放すというのが彼女のルール。人に譲るなり、寄付するなり、売るなり、リサイクルに出すなり、いろいろな方法があります。その徹底ぶりはなかなかのものです。

いちばん初めは本でやってみました。1冊買ったら、1冊処分。これはいけると思ったマリアは、服や靴、化粧品、ボディローション、スカーフ、シャンプー、アスピリンにも同じルールをあてはめました。そうそう、食べるものにも。

マリアの食器棚はきちんと片づいています。クローゼットも本棚も洗面所も。整理整頓の必要なものの山はありません。たんすの肥やしもありません。ときには何も買わなくても、ものを処分することも。理想的ですね。


考えれば考えるほど、ビルギッタのシンプルなルールは人生のほとんどどんな場面にも活かせると気づかされます。もちろん、冒頭にお伝えしたように、ガラクタの山を残して、この世を去ったあとで誰かに後始末を押しつけないようにするためにも。

そしてもうひとつ、生きているあいだは、地球のお片づけにも気を配ってください。難しいですよね。わかります。とはいえ、何もフォードが自動車の大量生産をはじめてから地球に起きたことの全責任をとってくださいとお願いしているわけではありません。あなたが暮らしている世界をよく見てみましょう。自分にできることはないですか？

前著が出版されてまもなく、子どものひとりが弁護士で活動家のアフロス・シャー氏についての記事を送ってきました。シャー氏は毎週末ムンバイの汚れたビーチのゴミを拾う活動をしていました。今では週末になると彼に賛同する有志たち数千人が集まり、清掃作業にあたっているといいます。有名人や政治家を含むボランティアが拾ったゴミの量は、じつに数千トン。

インドの雑誌『ザ・ウィーク』の記事には、シャー氏のこんなことばが引用されていました。

「この活動をイベント扱いしないでください。わたしたちは毎日家を掃除しますが、それはイベントでしょうか？　好き嫌いはともかく、毎日やることですよね。清掃や環境保護もそうでなければいけません」

子どものひとりとわたしは、シャー氏は地球のお片づけをしているのね、と冗談を言い、それから彼の取り組みについて真剣に話し合いました。みんなでやるべきじゃない?、と。週に何時間か全員に清掃活動を義務づけるというのはどうでしょう。兵役のように。地球が自分のお掃除をするのは無理なのですから。

週末には多くの人がショッピングに出かけ、プラスチック包装された品物を買いますが、プラスチックのほとんどは最後に海に捨てられています。それをシャー氏がきれいにしてくれているのです。あなたにもできるはず。

家の近くにある小さな公園や、海水浴をするビーチ、通勤に利用する幹線道路など、きれいにする場所はいくらでもあるでしょう。わたしはイギリスのサセックスに暮らすアメリカ人作家、デビッド・セダリスが好きなのですが、彼は健康のため早歩きをする代わりに、ゴミばさみと袋を手に道を掃除しながら歩いています。その行いを称え、セダリスの名がついたゴミ収集車がつくられたそうです。


わたしは家のまわりの道でタバコの吸い殻を拾います。かつてヘビー・スモーカーだったので、落ちている吸い殻を見ると気がとがめるのです。歩行器を押しながらゴミばさみを使っていると、罪が赦されていく気がします。ニコチンが気分を高揚させるのと同じように。

オランダ人のボイヤン・スラットという若者は、太平洋をきれいにするプロジェクトを立ち上げました。たいしたものです――彼は、わたしたち家族が１９８０年代に海賊から逃げる途中で南シナ海に捨てたプラスチックゴミの責任をとってくれているのです。わたしは、船長がいっぱいになったゴミ袋にアイスピックで穴をいくつか開け、海に放り投げたのをはっきりと覚えています。ゴミ袋は海の底に沈んでいきました。衝撃的な光景でした。

いくら時代がちがうとはいえ、当時でさえスウェーデンで海や森にゴミを捨てたことはいちどもありませんでした。けれど、ほかの人の船に乗せてもらっていたし、ましてや海賊から身を守るためには船長に頼るよりほかない状況で、その行為を諫《いさ》めるなんてとてもできませんでした。ボイヤン・スラットさんがクリーンアップ活動をはじめてくれたと知って、心からほっとしています。

正直言って、わたしたちの世代は恐ろしいまでに環境汚染に無頓着で、地球をひどい目に遭わせてしまいました。遅まきながら今になって、わたしも地球をきれいにするため協力しなければならないと思っています。

もう高齢ですから、インドに行ってビーチを掃除したり、幹線道路のゴミ拾いをしたりするのは無理ですが、何もできないほど年をとっているわけではありません。仲間を集め、人々の行動を促すことはできます。寄付できる人もいるでしょう。お金でなくても、時間でもいいのです。ですから、わたしはグレタ・トゥーンベリさんをはじめ地球を救おうと行動を起こしている青年たちを支援しています。それから、わたしと同じように何かをしたいという高齢の人々のサポートも。

わたしは自分が少女の頃に見たままの森を残して、この世を旅立ちたいのです。

1979年の健康なサンゴ礁に囲まれたバリを見たいのです。
今の人々はビーチで貝殻ではなくボトルキャップを集めています。そのほうがよっぽど建設的ですよね。友人の娘さんは、インドネシア、ロンボク島の沖にあるギリ島を訪れました。ビーチには物乞いが大勢いましたが、彼らにお金を恵む観光客はほとんどいませんでした。
そこで彼女は物乞いを集めていくつかのグループに分け、ビーチのゴミを拾うように言い、観光客にはクリーンアップ活動をサポートするための寄付を募りました。するとあら不思議、日光浴をしていた人たちはあっという間に財布の紐を緩めたではありませんか。

わたしは世界をきれいにするお手伝いをしてから、この世を去りたいと思います。その大切さに気づいたときには、すでに人生もだいぶ終盤にさしかかっていました。とはいえ、まだ死んでしまったわけではありません。これからも時間の許す限りビルギッタのモットーにしたがうつもりです。

手ぶらで行かないで――これは地球にも、人生にも言えること。
さあ、何かをするついでに後片づけをしましょう。

Chapter 4

わたしは７年前に死んだ

──でも生き返ったけどね

死にかけた経験によって、人生に対する見方が大きく変わりました。

たいていの人は死を恐れています。

わたしは7年前にいちど死にましたが、あまりにも突然のことで怖がる暇《いとま》さえありませんでした。

ヨーテボリ映画祭が行われていた2月初め、ストックホルムからヨーテボリに向かうわたしはうきうきしていました。子どもたちや親しい人たちに会い、子どものひとりが制作した映画の公開初日にみんなで顔を出し、その日は友だちの家に泊めてもらうことになっていました。

お天気はヨーテボリらしいみぞれまじりの雪。ぼたん雪が降っては溶け、道はぬかるんでいました。

友だちと映画の会場からタクシーで彼女の家へと向かいました。テレビを見ながらおしゃべりするつもりでしたが、家に入るなり、わたしは急にひどく気分が悪くなりました。身体中の力が抜けていくような、そんな感じでした。ちょっと調子が悪いから早めに休むわねと言って失礼し、やっとのことで服を脱いで寝間着に着替えベッドに入りました。

それきり記憶がありません。あっという間のことでした！　そのあとの顛末を知っているのは友だちだけです。わたしの部屋の前を通ったとき、服がいつものようにきちんとたたまれていないのを見た彼女が、異変に気がついてくれたのです。

勘の鋭い友だちは救急車を呼びました。携帯電話のおかげで子どもたちの何人かと連絡がつきました。年季の入ったアコーディオン式のとびらがついた狭いエレベーターに、どうやって乗り込んだのでしょう。見当もつきません。

何ひとつ覚えていませんが、とにかくあれよという間にわたしは近くのヨーテボリ大学サルグレンスカ病院に運ばれ、ただちに入院となりました。そのあいだずっと意識はなく、何もわからず、何も感じませんでした。あの数時間はわたしの人生における空白の時間なのです。

これらはすべて、たぶん1時間くらいのあいだに起きたできごとだと思います。目が覚めると、わたしは明るくて狭い部屋にいました。横で若い女性が微笑んでいて、すぐにやってきた若い男性もやはり笑顔を浮かべていました。ふたりは集中治療室の看護師さんでした。

意識が戻ったわたしに彼らはうれしそうに声をかけました。状況はまるで飲み込めませんでしたが、ふたりの表情を見ているうちに気持ちが落ち着きました。しばらく3人で楽しく話をしました。

若い彼らが命を助けようと懸命に働いてくれなければ、わたしは意識を取り戻すことなく、死んでいたでしょう。そういう人たちの存在に気づくことさえなかったかもしれません。それくらい、死は一瞬でやってきたのです。

ゆっくりゆっくりですが、自分が生き返ったことがわかってきました。

「天使には会えたの？」
「トンネルの先に光は見えた？」
あのあといろいろな人に何度もそう聞かれました。「いいえ」と答えると、がっかりする人もいました。当のわたしもよもや答えが「いいえ」だとは思っていませんでした。もし死の淵から生還するようなことがあったらどうなるか、自分が前にどう思っていたのかは覚えていませんが、現実には何も起こらなかったのです！
感じたままを言わせてもらうと、誰かがただスイッチを切り替えたような感覚でした。

多くの人は死んだら友人や大切な人たちに会えると信じていますね。わたしはそうは思いません。それが本当なら心が慰められるし、前向きになれるでしょうけど。それはたぶん、わたしがひとつの側面だけを見て人生を楽観的に考えるのをあまり好まないからかもしれません。

それにわたしは、スウェーデン人らしくかなりの現実主義者でもあるのです。「あちら」で友だちや愛する人に再会できるというなら、気に入らない人とだって顔を合わせなければならないはずですよね？　そんなのはごめんです。遠慮します。人生の終わりは終わりでしかないのだと思います。

それに引きかえ、集中治療室のふたりの看護師さんの明るく温かい顔は、何よりの安心感をくれました。わたしは生きている、今も生きているんだ。

1、2時間がたち、笑顔を絶やさない頼もしいふたりは、わたしを一般病棟に移しました。真夜中で、薄暗い病室にはほかにふたりの患者が寝ていたので、わたしたちはひと言もしゃべりませんでした。

ふたりがわたしをベッドに寝かすと、また別の若い女性の看護師さんがやって来てベッドに腰かけました。わたしを少しのあいだ眠らせないようにするためだったのでしょう、彼女は自分の身の上話をしてどうにか時間を潰しました。彼女の話はとっても楽しく話題も豊富で、飽きませんでした。

その人は4歳と5歳の男の子を持つシングルマザー。ヨーテボリからおよそ30分のアリングソースという小さな街に住んでいました。このあとすぐに電車で家に帰り、息子たちとレゴ遊びをするのだといいます。そう、その日は日曜日でした。わたしには感動的なお話は必要ありませんでした。彼女の日々の暮らしぶりを聞いているだけで慰められ、気持ちが安まるのでした。

朝になって医師の回診がはじまると、愛想のよい外科医たちがいつのまにかベッドのまわりに集まっていました。わたしの心は、心臓の弁が破裂したのでできるだけ早急に縫合しなければならない、と告げられました。準備はすでに整っているらしく、一刻も早くわたしを手術室に運びたい様子でした。

その日の手術の最中、わたしは自分の身体を抜け出して、上から映画を撮るみたいに一部始終を俯瞰でながめていました。聞こえるのは走り回る足音やドアを開け閉めする音だけ。知らない人たちが前屈みになってわたしの身体をのぞき込んでいました。一方で心は波打つ海の上でぐらぐらと揺れ、そのまわりを派手な色をした気味の悪い小さな生き物がうようよ漂っているような感覚に襲われていました。

ぼんやりとした奇妙なカオスがようやくすぎ去って正気に戻ると、子どもたちが待っていました。子どもたちや友だちが心配して来てくれたのはうれしかったです。とはいえ、みんなにどれほど迷惑をかけてしまったのでしょう！　老いはときに厄介なものですが、彼らは辛抱強くわたしに付き合ってくれています。ありがたい限りです。

経験からすると、大好きな友だちを失ったとき、そのことにどう向き合うかに「正解」はありません。誰かが突然、たとえば心臓発作や交通事故で亡くなるのは、身近な親族や愛する人たちにとって相当ショックなできごとです。

それに対して、長患いをして自宅で看護を受けていた人の場合は、そんなふうに思ってはいけないとわかっていても、まわりの人はどこか安堵にも似た気持ちになるかもしれません。友だちの気持ちを最優先にして自分のことを後回しにするのは、結局のところ誰のためにもならないのです。長引く病気であればなおのことです。

遺された者は喪失感にも苦しみます。何度経験しようと、友人が旅立ったあとの生活に慣れることはありません。お葬式やそのあとの諸々――亡くなったあとの決まりごとや事務手続き――がすんでようやく、それまでとはまったく異なる生活のかたちが見えてくるのです。

夫が亡くなってから、わたしの人生は空っぽで心細いものになりました。

夫はわたしのいちばんの親友でした。

およそ50年のあいだふたりで苦労をともにし、いっしょに泣いたり笑ったりしたことは数え切れないほど。お互いの経験を共有し、励まし合って生きてきました。たくさんの難しい問題について夫ならどう考えたか、さまざまな状況でどう行動したか、わたしにはわかります。

今でも思うのです。ラースならこんなときどうしていたかしら？　と。夫がいないのはひどく寂しいけれど、彼はずっとわたしの中にいます。ときどき夫にアドバイスを求めたりもします。心の中で、わたしたちはともに生きているのです。ともに考え、楽しみ、悩む時間はかけがえのない宝物。誰もわたしからそれを奪うことはできません。

＊＊＊

わたしはヨーテボリで生まれ、ヨーテボリでいちど死にました。

ただ、現住所がヨーテボリではなかったため、住まいのあるストックホルムに飛行機で移送されることになりました。スウェーデンの医療制度にはすばらしい点が多々ありますが、円滑に運営するうえで国民全員が従わなければならない手順やシステムが山ほどあるのです。

女性看護師、パイロット、そしてストレッチャーに寝かされたわたしを乗せた小型飛行機が飛び立ちました。霧で天候もあまりよくありませんでしたが、小さな窓に頭を近づけると、外の景色が見えました。看護師さんの話では、その日はすでに患者をひとり運び終えていて、わたしを下ろしたあとはまた別の患者が待つスウェーデン北部に飛ぶのだとか。休む暇もありません！

＊＊＊

着陸すると、雨が降っていました。顔に当たる雨粒ってなんて気持ちがいいのかしら。と思っていると、誰かがわたしに傘をさしかけました。

やれやれ、自分で何も決められない、自分の力で何もできないというのは、本当に情けないものね。誰かのお世話になってばかりで、ただありがたがっているだけなんですから。いえもちろん、感謝はしていましたけれどね。

スウェーデンには優れた医療制度があります。あのときの治療費もほとんど無料でした。もっとも、当然ですがわたしはものすごく長いあいだそのために税金を払ってきました。ですから、うしろめたい気持ちは持たないことにしました。ああ、それにしても、あの癒やしの雨を乾いた顔にもっと浴びられたらよかったなあ。

ストックホルム郊外のカロリンスカ大学病院では、眠れぬ夜に、ほかの人を起こさないよう布団の中で小さなラジオを聞かせてほしいと頼みました。毎正時にはニュースのチャイムが聞こえます。自分が本当に生きていることをたしかめたくて、わたしは耳を澄ましていました。そしてチャイムが鳴るたびに、そのことを実感しました。


命を失いかけたときもそうでしたが、ふつうの生活に戻るのもあっという間でした。退院の日はすぐに来ました。その後は毎日理学療法に通うことになり、診察日も決められました。

帰宅すると、予約日時と医者からの指示を伝えるメールが届いていました。あとはスケジュール帳を取り出して、予定を記入するだけ。

……のはずが、そう簡単にはいきませんでした！　動きがスローになって、思うように歩き回れなくなったので、理学療法を受ける建物にたどり着くだけで午前中いっぱいかかり、帰宅する頃にはもう夕方になってしまうのでした。

建物に着いたら着いたで、廊下は何マイルも続いているように感じるし、正しいエレベーターに乗るのも至難の業。あまりにもしんどくて、ときどきあの集中治療室で目が覚めなければよかったとさえ思ったくらい。

＊＊＊

理学療法の効果は抜群で、わずらわしい手間をかけてでも通う価値がありました。行くたびに身体が強くなっていくのを感じましたが、それは日に日に体力が落ちていくわたしの年齢では、めったにないことです。なんだか若返ったような、少なくとも毎日健康だったもう少し若い自分に戻ったような。終わってみれば、理学療法に通った日々も懐かしい。

病気をして気がついたことがあります——心臓の手術を受けてリハビリをしているときは、気楽に考えようとしたところでどうにもなりませんし、不平を言ってもはじまりません。どんなに苦しいリハビリでも、やるしかないのですから。

みなさんもわたしくらいの年になったら、死ぬのが怖いという人たちに会うでしょう。わたしはもうベッドから起き上がることも、自分の面倒を見ることもできなくなった友人や家族のお見舞いに病院を訪れたことが幾度となくあります。だから思うのです。

恐れるべきは死ではなく、長く生きすぎることのほうだ、と。

死ぬときは、あっという間に死ねますようにと願うばかり。死は少しも怖いものではありません――いちど死んだわたしが言うのですから、まちがいありません。

Chapter 5

ボランティアのすすめ

年をとると、思いのほか暇な時間が増えるかもしれません。世界は終わらないかもしれないけれど、もっとよくするためにはいつだって人の力が必要です。参加しましょう——ボランティアはあなたを助け、世界を助けるでしょう。

夫が旅立ってから、わたしはふたりで住んでいた家を片づけて、スウェーデンの西海岸にある島の小さな漁村から、首都ストックホルムの2部屋のマンションに移りました。

近くに友だちはほとんどいないし、仕事もリタイアしていたので、することがあまりありませんでした。けれど、思いついたことは何でもやって、なるべく忙しく過ごすようにしていました。

素敵な革のジャケットを買いました。ソーシャル・メディアをはじめました。アートをテーマにブログを書きはじめたのです。長年島で暮らしてきて文化というものを強く欲していましたので、ストックホルムに来てからは足繁く画廊に通い、コンサートに出かけ、ランチ会を開き、動き回るのに不自由している同年代の人たちの助けになろうとしました。

なかでも充実していたのが、新居となったマンションの庭の手入れをするボランティア。わたしはガーデニングが大好き。誰のお庭でも、中に入って植物が育ってい

くのを見られたら満足です。それに、ボランティアじたいもとっても楽しいのです。ボランティアをすることで、人の役に立っていると思えるし、満たされた気持ちになれます。それはわたしが40歳で家族とアメリカに移り住んだときに、思いがけず知ったことでした。

＊＊＊

わが家では遅い時間に夕食をとっていました。子どもたちが小さいときも、スウェーデンで暮らしていたときも。子どもに適しているとされていた時間よりもだいぶ遅かったと思います。けれど、まわりには内緒でわたしたちはずっとそれを続けました。

子どもたちは毎日学校で無料の温かい食事を食べているのでひもじい思いをすることはありませんし、父親を含め毎日家族全員が顔を合わせる時間を大切にしたいと考えていたからです。夕食のテーブルはぴったりの場所でした。たとえ8時を回ったとしても、神様はお許しくださるでしょう。

5人の子どもたちとふたりの大人、ときにペットが1匹か2匹で囲む夕食は、いつもそれはそれはにぎやかでした。とにかくよくしゃべります。前の日に顔を合わせてから丸一日たっていますから、みんなその日のできごとを報告したいのです。

とりわけ記憶に残っているのが、ある秋の日の夕食のこと。その日は木曜日でした。なぜ覚えているかというと、毎週木曜に食べるノルウェー風のシーフードスープを食べ終え、子どもたちの大好物のパンケーキを食べようとしていたからです。

スウェーデンには、木曜日にスープ（スプリットピー〔訳注／乾燥させたえんどう豆をふたつに割ったもの〕と細かく刻んだ豚肉のスープが定番）とパンケーキを食べる習慣があります。夕食のメニューを考えなくていいのだから、気が楽です。けれど、ちょっと不思議ですよね。国中でみんなが同じものを食べているなんて。それに、黄色い豆のスープはおいしいのですが、食べるとおならが出るんです。毎週木曜日、スウェーデンではどれだけの量のメタンが放出されているのでしょうね。

夕食のとき、子どもたちに黙って食べなさいと言った記憶はありません。みんなでおしゃべりをするのが楽しみだったからです。でもその木曜日に限って、夫のラースはまるで演説でもするみたいにスプーンでグラスを叩きました。

ラースが何を言おうとしているのかをわたしは知っていましたが、子どもたちは何ごとかとぽかんとしていました。どう見ても、みんなこれからだいじな話がはじまるにちがいないとわかっている様子。

部屋はしーんと静まりかえりました。永遠にも感じられた時間がすぎたあと、ラースはこう切り出しました。

「春になったら、アメリカに引っ越します」

喜び、不安、驚き、混乱、ありとあらゆる表情を浮かべ、子どもたちは顔を見合わせていました。この知らせの意味をそれぞれが理解しようとしているあいだ、テーブルにふたたび沈黙が訪れました。ようやく誰かが口を開きました。

「それって、どこにあるの？」

すると堰を切ったように、子どもたちは自分の環境や生活がどう変わるのかについて、それぞれの思いを口にしはじめました。いちばん上のヨハンは高校生、いちばん下のイェインはもうすぐ小学生でした。

答えの必要な質問がたくさんありました。

「どんな食べものがあるの？」

「犬は連れて行ける？」

「インディアンには会えるかな？　カウボーイは？」

「アメリカの人はスウェーデン語を話すの？」

「（ボーイ／ガール）スカウトはある？」

「学校に行かないといけない？」

「ジュースは毎日飲める？」

「どんな動物がいるの？」

「飛行機で行く？　それとも船？」


住み慣れた土地を離れ、一家で大西洋の向こうに移り住むのはチャレンジであり冒険です。家族が増えてスペースが必要になるたびに何度か住まいを移しましたが、いずれもスウェーデンの西海岸での引っ越しでした。今回は事情がまるで異なり、行き先は外国です。見知らぬ大陸、見知らぬことばが待ち受けているのです。

夫のラースの仕事が順調で、アメリカ支社を任されることが彼にとって重要な意味を持つのは知っていました。夫を誇りに思っていましたが、ちょっぴり不安でもありました。わたしはちょうど40歳（ラースは42歳）で、5人の子どもたちをまるで異次元のような遠いところに連れて行くのは初めての経験です。そんな大移動をこの先何度もすることになろうとは、そのときは知る由もありませんでした。

夕食の席で子どもたちが興奮してしゃべっている横で、わたしは自分の生活はどう変わるのだろうと考えていました。子どもたちが学校にいるあいだ、一日中何をすればいいの？　何よりの心配の種は英語です――わたしは英語がからっきしだったのです。


今のスウェーデンの子どもたちは、みんな英語をたいへん上手に話します。学校でも習いますが、テレビのおかげもあるかもしれません。

うちの子どもたちが幼い頃、スウェーデンにはテレビのチャンネルがひとつしかありませんでした。どんな番組が放送されていても子どもたちはそれを見ていました。フィンランド語、ハンガリー語、英語、どんな言語が話されていても番組は吹き替えではなく字幕で放送されるので、当時の子どもたちは『刑事コロンボ』、『ロックフォードの事件メモ』、『スクービー・ドゥー』といったテレビ番組を通して英語を学びました。現在チャンネルの数は数百で、スウェーデンの子どもたちはほとんど完璧に英語を話します。

そんなテレビの効果もあって、１９７０年代にアメリカに来たとき、上の子どもたちは英語を正しく理解し、うまく話すことができました。

末っ子のイェインは学校にあがる前でした。引っ越し前の春から、テレビでは手話を学ぶ番組が放送されていました。イェインはその番組が大好きで、テレビの前に座って夢中になって見ていました。ことばが通じない見知らぬ国での生活を心配していたのだと思います。手話を覚えれば、新しい学校で少なくとも耳の不自由な子どもたちとコミュニケーションがとれる、と考えたのでしょう。残念ながら、英語とスウェーデン語では手話も異なることを、家族の誰も知らなかったのです。

＊＊＊

１９４０年代のことです。わたしの通っていた学校に素敵な女性の英語教師がいました。ちょっととっつきにくい印象でしたが、よく見ると好奇心いっぱいの温かい目をしていました。先生の名はガートルード。当時その名は珍しく、彼女はわたしが知り合った最初のガートルードでした。

ガートルード先生は長い髪を何本かの櫛でまとめていましたが、キビキビとよく動き回るので、しょっちゅう櫛が落っこちていました。みんな、なかでもじっと座っているのが苦手な生徒たち（そうでない生徒なんているでしょうか？）は、身体を動かせる彼女の授業をいつも楽しみにしていました。

授業がはじまると、全員机の横に立って列をつくります。先生は、列になってゆっくりと教室の中を歩くように言います。わたしたちは歩きながら小さな声で英語をささやきます。

「I am, you are,
he, she, it is,
we are,
you are,
they are!」

生徒の足並みがそろうよう棒を振りながら、先生は少しずつ歩くスピードをアップして、もっと大きな声を出すよう促します。ときどき、誰かがペースを乱したり、まちがったことをしたりすると、その生徒を棒で指します。

とっても楽しかった！　生徒たちと同じくらい、先生も楽しんでいたと思います。授業が終わっても、みんなで足を踏みならしながら習ったばかりの文法を大きな声で叫んでいました。そのやり方は本当に効果がありました。学校で受けた授業のなかで今でも覚えているのは、ガートルード先生の授業だけです。

わたしは言語の学習が得意ではありません。それを思い知らされたのは、アメリカに来た最初の日、ガソリンを入れたときです。その頃は給油するのに車を離れる必要はありませんでした。座ったままで待っているとすぐに係員が現われて、こう言いました。

「いらっしゃいませ」

スウェーデンの計量法とごっちゃになったまま、アメリカ式に合わせようとして、わたしの口から出たことばは、「40ガロンください」でした。

なんとおよそ340リットルにも相当する量！　どうりで気の毒な係の人が困った顔になるわけです。

いつ何を言えばいいかを常に心得ているいちばん上のヨハンが大笑いして、気まずそうに教えてくれました。

「ママ、次はただ『満タンお願いします』でいいよ」

ことばができなくて困ったことは、アナポリス〔訳注／メリーランド州の都市〕の小さなテラスハウスに住みはじめてからもありました。その家は新築で、わたしたち家族が初めての住人でした。

ある日の朝早く、キッチンの床に大きな「水たまり〔訳注／英語でpuddle（パドル）〕」があるのに気がつきました。わたしはなんとか管理人兼便利屋さんに連絡をとりました。名前をボブといって、背の低い親切な人でしたが、なんだかいつもせかせかしていました。

「ボブ、ちょっと困ったことがあって。キッチンのテーブルの下に大きな『プードル』〔訳注／英語でpoodle〕が！」

ボブは全速力でやってきました。そして開口一番、野犬捕獲員を呼びましょうかと聞くのです。

何の話をしているのか、さっぱりわかりません。野犬捕獲員？

キッチンの「プードル」を見せると、ボブはいきなり笑い出しました。

「マグヌセンさん、あれは水《パ》たま《ド》り《ル》です」

わたしは二度とプードルと水たまりをまちがえませんでした。

＊＊＊

ある日曜日の朝、珍しいことが起こりました。遅くに目が覚めて、その日家族の誰にも予定がないことがわかったのです。遠出する必要もない、スポーツの練習も試合もない、お誕生日会にも招かれていなければ、ミーティングもありません。

大西洋を渡った引っ越しの片づけもすんで、荷ほどきや整理のストレスからも解放されていました。夫とわたしはベッドで静けさを堪能していました。ほんの束の間の。

12歳を超えた少年は石のように眠ります。起こされなければたぶんいつまでも起きないくらいぐっすりと。うちには3人息子がいましたが、それぞれの寝室からは物音ひとつ聞こえてきませんでした。

娘たちはひとつの部屋にいて、引っ越しに使った大きな箱で、ドールハウスをつくりながら、おしゃべりしているのが聞こえました。娘たちは毎日何時間もドールハウスに夢中になっていました。スウェーデンにないものをふたりがどんなふうに使うのか、見ているのは楽しかったです。たとえば、スーパーでトマトを買うとついてくるプラスチック製の容れものは、おもちゃのベッドに早変わり。ふつうのアメリカの家庭ではゴミに思えるものが、彼女たちにとっては宝物です。ふたりは空のマッチ箱、布の端切れ、ボトルのふた、マフィンカップ、パイプクリーナー、はがきの新たな使い道を見つけていました。

衣類乾燥機のフィルターからとれる糸くずも、初めて見る素敵なもののひとつ。わたしたちは衣類乾燥機を見たことがなく、驚いたことに娘たちは糸くずでありとあらゆる細々したものをつくりました。人形用のマットレス、クッション、かつら、なんでもです。はさみと紙とのりを使って、娘たちはすばらしい創作物を生み出しました。そしてその朝、夫とわたしはわが家の小さな「天使たち」が英語で会話しているのを聞いて、うれしくなりました。

「なんて覚えが早いの！」

そのうち、娘たちの声のトーンが変わってきたことに気がつきました。どうやらお互いに腹を立てているみたいです。天使たちの声はどんどん大きくなり、ほとんどけんか腰に。すると突然、覚えたばかりの英語ではボキャブラリーが足りなくなったようです。英語には汚いことばや罵りことばが豊富にありますが、娘たちはそういうことばをまだ知らなかったのです。

そこで、ふたりはスウェーデン語に切り替えて叫びはじめました。「ドゥンブン（Dumbom）［バカ］！」、「グリース（Gris）［ブタ！］」、「ヤーブラ　フゥイストゥンゲ（Jävla skitunge）［クソガキめ］！」

ほんの一瞬、夫とわたしは思いました。このけんかはどうなるの？　と。それに、アメリカの子どもたちが娘たちをからかいはじめたら、どうすればいいんだろう？　娘たちはどうやって自分自身を守ればいい？　口汚く罵るときの英語のことばを、小さな娘たちに教えたほうがいいの？

もっとも、いつまでも心配している必要はありませんでした。ほどなく愛らしい小さな「天使たち」は、英語で悪態をつけるようになりました。ここでご紹介するのはやめておきますが、娘たちが新しく身につけた威勢のいいことばを聞いて、ラースとわたしは笑いました。これで学校でも心配はいらないはずです。

＊＊＊

大家族のわが家ですが、そのなかでもいちばん英語に苦戦したのはわたしです。言いまちがえはしょっちゅうで、子どもたちはわたしがとんちんかんなことばを使うのをおもしろがっていました。それでもときどきは、そんな母親を恥ずかしいと思ったでしょうね。

ある日曜日、トマスのお誕生日会を開きました。たしか14歳だったと思います。よく晴れた寒い冬の日でした。

子どもたちとトマスの友だちはみな家の近くの小川でスケートをしていました。わたしは家でホイップクリームをのせたホットチョコレートとシナモンロールを用意しました。ほっぺを赤くして帰ってきた子どもたちは、お腹をぺこぺこにすかせていま す。お腹が落ち着いたら、冬の靴下を履いてしばらくダンスを楽しんで、その日はお開きです。

ゲストのほとんどは近くに住んでいるので歩いて帰れましたが、トマスの親友のひとりで、彼の通う学校の校長先生の息子さんだけは、歩くには家が遠すぎたため、校長先生が迎えに来ました。わが家に着くと校長先生は礼儀正しくドアをノックしました。その頃は親も子も先生、とくに校長先生に尊敬の念を抱いていて、彼らの前ではへまをしたくないと思っていました。

歓迎の気持ちをこめて、校長先生にスウェーデン名物のシナモンロールをお出ししました。

食べている先生に、わたしはこんなふうに尋ねました。

「ロールバン、〔訳注／原文の「buns」には「尻」の意味もある〕のお味はいかがですか?」

子どもたちは吹き出さないようこらえていましたが、彼らの押し殺したようなくすくす笑いにわたしは戸惑いました。トマスは恥ずかしそうな顔をしていました。

校長先生は優しい笑顔で淡々と答えました。

「マグヌセンさん、このシナモンロールはたいへんおいしいですね」

新しい土地に移ると、そこに学校や宿題のほかに子どもたちが夢中になれるどんな楽しみがあるかわかるまでに、しばらく時間がかかります。アナポリスで息子たちは早々に家の近くに映画館が2軒あることを知り、時間があるとしょっちゅうそこに行きたがりました。

＊＊＊

あるとき、トマスが別の学年の女の子を映画に誘いました。その子はイェインが慕う学校の先生のお嬢さんで、トマスはピーター・セラーズの映画に彼女といっしょに行きたいと思ったのです。その映画は『ピンク・パンサー2』。ただ、トマスは知らなかったのですが、当時のアメリカでは、男の子が女の子を誘うときはお目付役が必要だと考える親御さんがまだいました。その女の子のご両親に誰かいっしょに行く人はいるかと聞かれ、当然ながらわたしが付き添うと約束しました。ちょっと厳しすぎるとは思いましたけどね。

ともかく、その映画は前に見たことのあるお気に入りの作品でした。ですから、おかしいシーンがはじまるだいぶ前から、わたしは笑いをこらえられませんでした。50年以上たった今でも、おもしろすぎてとてもここには書けないシーンがいくつかあります。大声でばか笑いし、涙を流し、お腹がよじれるほど大笑いしているわたしの声が映画館でどんなふうに響いていたか、想像できますか？　ひどいありさまでした。トマスにしてみれば、校長先生に「ロールパン」の感想を聞いただけでも恥ずかしいのに、今度は意中の女の子から数フィートの席で自分の母親が我を忘れて笑っているのです。かわいそうなトマス。

わたしがお目付役を頼まれることは二度とありませんでした。

＊＊＊

ある日、年の離れたわが家の子どもたち全員が楽しめることまちがいなしの作品が、近くの映画館で上映されていることを知りました。『不思議の国のアリス』です。ルイス・キャロルの原作がすばらしくて、少なくとも2度は読んだお気に入りの物語。わたしたち一行は映画館へと向かいました。わたしが窓口に並んでいるあいだ、子どもたちは歩道で遊んでいました。

チケット売り場前の行列を見て、何だかおかしいなと思いました。子どもがひとりもいないのです。ほとんどが男性の一人客。長い列ができていました。

ようやくわたしの番が来ると、窓口の人が声を潜め、そっと、ほとんどささやくようにこう言いました。

「お客様、申し訳ありませんが、この『不思議の国のアリス』はお子様向けではありません」

カウンター横の壁に貼られたポスターをよく見ると、出演者全員が裸。しかも、いっしょにベッドに入っているではありませんか。

「みんな、行くわよ！　チケット売り切れですって」

子どもたちには代わりに『バンビ』を見せました。あたりまえですがポルノ版ではありません。

子どもたちはこのことをすっかり忘れていると思っていましたが、やはりそんなに甘くないわよね。50年たった今でも、彼らはあの『不思議の国のアリス』事件を話題にするのですよ。

＊＊＊

時間がたっても、わたしの英語が上達する気配はありませんでした。

労働許可証を持たないわたしは、絵を描き、掃除をし、ガーデニングをして一日中家で過ごしていました。それはいろいろな意味で、楽しい毎日でした。

子どもたちが学校から帰ると、家ではスウェーデン語で会話します。夫が帰宅すると、もちろんスウェーデン語で話します。昼前に行くエアロビクスのクラスでは、人と話すことはありませんでした。隣でジャンプしている女性に、何と言って話しかければいいのでしょう？

「おしゃれなレッグ・ウォーマーですね」とか？

彼女たちは運動しに来ていたのであって、発音がひどいうえボキャブラリーの少ない見知らぬスウェーデン人とおしゃべりするためではないのです。

知恵を絞った結果、英語の力をつけて、アメリカの文化をもっとよく知るために、ボランティアをはじめることにしました。

1970年代のアナポリスで下の子どもたち3人が通っていた学校は、時間に余裕がある、または役に立つ特別なスキルを持つ親や友人に、さまざまな作業への協力をお願いしていました。それも無理はありません。その学校は隣接する数軒の農場の老朽化した家屋を校舎にしていたため、常にメンテナンスが必要でした。

大工をしている親は壊れたイスや開けにくいドアノブ、窓なんかを修理できましたし、アーティストは幼稚園の建物に野生動物や子どもの本のキャラクターを描いてくれました。タイプライターを直す人もいれば、ベイク・セール〔訳注／手作りのお菓子などを販売し、売り上げを学校に寄付するバザーのこと」やパーティ、放課後の活動を企画する人もいました。人手が必要なことはいくらでもありました。温かく親切なコミュニティが、学校を支えていたのです。

わたしは毎週月曜日、学校の図書室で低学年の子どもたちのお世話をするボランティアをしました。

月曜の朝が待ち遠しい人ばかりではないでしょうが、わたしはちがいました。ボランティア活動のおかげで、1週間を気持ちよくはじめることができたのです。小さい子どもたちとの時間はとっても楽しかったです。生徒たちはいつも人なつこく、好奇心にあふれ、エネルギーのかたまりでした。しかも、うれしいことにそれがこちらにも伝染するのです。月曜日が終わると、身体に活力が満ちてくる気がしました。

笑顔も興味も元気もない生徒もたまにいますが、そんな子どもたちにはただ慰めが必要でした。よくわたしの膝に座って、しばらくのあいだおしゃべりをしたものです。

図書室は、全体がライトブルーに塗られたシンプルで居心地のよい部屋でした。小さなイスもすべてライトブルー。テーブルは脚が短く、直接床に座るときにも使えます。全員に行き渡るだけのイスがないときは（たぶん、ボランティアの大工さんが修理のために運び出していたのでしょう！）、実際にそうしていました。

月曜の図書室に最初にやってくるのは3年生。彼らは自分のことはちゃんと自分でできましたから、わたしはスタンプの日付を合わせたり、すべての図書カードにあらかじめスタンプを押しておいたり、1年生と2年生が来る前にコーヒーを飲んだりする時間がありました。どの子たちもみんな愛らしくて元気いっぱい。なかには、借りたい本があるのに、残念ながらタイトルを忘れてしまった子もいました。作者の名前も覚えていないというのです。そういう場合の本探しはかなり苦戦しました。

ぷくぷくした小さな手をわたしの腕に載せ、一生懸命に説明しようとする生徒もいました。返す本を家に忘れてきてしまって心配そうな生徒、借りる本を選んでスタンプを押してもらうと、棚にのぼり出すやんちゃな生徒。

全員が本を選んでスタンプをもらい終わると、読み聞かせの時間です。短いお話をひとつだけ。けれど、短い物語でも最後まで読めたことはほとんどなかった気がします。みんなそれぞれの身に起きた物語をしゃべりたがるからです。子どもたちの話があまりにもおもしろいので、空想物語やおとぎ話をわざわざ読むまでもないのです。といっても、次の月曜日にはまた読み聞かせをはじめるのですけど。

ある女の子はガレージでパパがおばあちゃんを車で轢いたと話しました。別の女の子は、ママがその子の頭よりも大きなブラジャーを買うのを手伝ったと自慢げに報告しました。また別の子は、最近飼い犬が9匹も赤ちゃんを産み、家族がどれだけたいへんだったかを語って聞かせました。この話にはみんな大興奮。クラスメートからは質問の嵐です。みんなが生まれたばかりの子犬をほしがったことは言うまでもありません。

子どもたちはごく簡単なことばを使って話すので、わたしでも理解できましたし、新しいことばを学ぶこともできました。そうやってわたしはボキャブラリーを増やしていきました。

学びの多い幸せな時間はあっという間に終わり、閉室時間がきます。ブルーの図書室がふたたび開くのは、次のすばらしい月曜日です。

「ありがとう、マグヌセンさん。ありがとう」と子どもたち。

こんなことを言う子もいました。

「マグヌセンさんは変わったしゃべり方をするね！」

子どもたちがほかの重要な活動のために走り去っていくと、小さなブルーの図書室に静寂が戻ります。

誰もいなくなり、わたしはほっとしてため息をつきました。わたしの娘も1年生の生徒のひとりでしたから。彼女がクラスメートの前で得意げに、わたしが子どもたちをポルノ映画に連れて行った話をしないでよかったと、月曜日のたびに胸をなでおろすのでした。

＊＊＊

アナポリスに住んでいたときから今までずっと、わたしはあちこちでボランティアを続けています。

１９７０年代の終わりに移り住んだシンガポールでは、高校演劇の舞台セットや、学校が念入りに準備を行ったシンクロナイズド・スイミング・ショーのために絵を描きました。やりがいはありましたが、作業は骨が折れました。華氏93度〔訳注／摂氏約34度〕にもなる熱帯地方のじめじめした暑さのなか、金箔が貼られた中国寺院の実物大レプリカを引きずるところを想像してみてください。

また、当時のシンガポールには貧しい家庭が多かったので、わたしたちはフード・ドライブ〔訳注／家庭で使い切れない未開封の食品を持ち寄り、必要としている団体（フードバンク等）に寄付する活動〕を実施し、缶詰やお米を集めて配りました。ポル・ポト政権によるおぞましい大虐殺を逃れ、カンボジアからボート難民が到着したときにも食品を集めました。「わたしたち」と書いたのは、誇りを持って人助けを行う女性の団体がシンガポールにはたくさんあったからです。メンバーのほとんどは、自分の仕事を辞めて海外駐在員の夫に帯同してきた、労働許可証を持たない奥さんたちでした。ボランティアはやりがいのある、立派な生き方でした。いろいろな国の料理を集めたレシピ本をつくって売ったこともあります。売り上げはすべて援助の必要な母親たちに寄付されました。

もう昔のようなエネルギーはありませんが、今はメールやインターネットの使い方を学ぶ高齢者のお手伝いをしています。初めてうまくメールが送れたときの輝くような笑顔を見ると、アナポリスの小さなブルーの図書室を思い出します。心の中にはあの温かさまでもが蘇るようです。

みんながみんな、ボランティアに時間を割くだけの余裕があるわけでないことはわかります。わたしたち家族は大金持ちではなかったけれど、貧乏でもありませんでした。ですから、誰かに救いの手を差し伸べるのは自分の義務だとわたしは思っています。それに、ボランティア活動を通じてすばらしい人々にたくさん出会いました。生涯の友人になった人もいます。

義母は優しい人でしたが、年齢を重ねていくにしたがって、ときおりものすごく手がかかるようになりました。わたしに電話をよこしては、寂しい、寂しいと愚痴をこぼすのです。義母に同情はしましたが、いかんせんヨーテボリから大西洋をはさんだアナポリスに住んでいましたから、実際のところわたしにできることはありませんでした。そこで、こんなふうにアドバイスしてみました。

「小児病院か幼稚園に連絡して、子どもたちに読み聞かせをしたいと申し出てみたらどうでしょう?」

それ以来、義母は愚痴を言わなくなりました。

ちょうど今、春がもうすぐそこまで来ています。窓の外をながめながら、早くガーデニングをはじめたくてうずうずしています。わたしの年になったら、毎日やるべきことをつくって心を満たすことがだいじ。できる限りめいっぱい予定を入れて、人の役に立ち、考え、動き回りましょう。

残念ながら、このところわたしがボランティア活動にいそしめるのは春、夏、秋だけです。どんより暗い冬は、まるで永遠に続くかのよう。冬は大嫌い。次の冬は子どもたちへの読み聞かせをまたはじめることにします。

Chapter 6

髪のお手入れは怠りなく
——まだ髪があるのなら

80歳にもなれば、皺が増え、歩くのが遅くなります。もう20歳ではないのですからね。けれど、髪の毛が素敵なら、まだまだ輝けます。

痛いのが好きな人はいません。わたしくらいの年齢で活動的な人は、身体のどこかに痛みを抱えているか、痛めたことがある場合がほとんど。膝とか腰などの骨や身体の一部の置換手術を受けた人も多くいます。そういう人たちは痛みに苦しみ、辛いリハビリに耐え、そのおかげで術後の生活がうんと楽になり、質が向上したことを心から感謝していました。

わたしは数年前に白内障の手術を受けましたが、手術前は不安だらけでした。

「手術は痛い？」
「麻酔を打たれるの？」
「失明したらどうしよう？」
「ひとりで予約をとれるかしら？」

そのうち、厄介なことにそれはわたし自身の存在にかかわる問いに変わっていきました。

わたしはなぜ、「自分の力で」ではなく「ひとりで」なんて言っているの？　わたしは孤独なの？　ずっとひとり暮らしを楽しんできたじゃない、そうでしょう？

障害物のない高い山の斜面を雪玉が転がり落ちるように、頭の中では問いがどんどんふくらんでいきました。何かを考えるたびに別の問題、新しい心配ごとが生まれ、それがいっそう不安をかき立てるのです。

親しい友人がしびれを切らしたように、こう言ってわたしを元気づけました。

「大丈夫よ！　お産に比べたら、どうってことないじゃないの」

何を怖いと思うかは、結局のところ人それぞれなのね。

とはいえ、実際にわたしはいらぬ心配をしていました。ひとり、つまり自分の力で手術の予約もできましたし。手術の日、まずは待合室で、手術を受けるほうの目に麻酔などの点眼薬をさしてもらいます。麻酔をするのは片方だけです。薬が効いてきたら手術室に入ります。

手術台に寝かされたわたしに、医師は落ち着いた声で穏やかに、今何をしているのかを教えてくれました。

「水晶体を取り除いているところですよ」

とか、

「では、新しいレンズを入れますね」

とか。

「次に、ヘッジトリマー〔訳注／樹木の剪定に使用する電動刈り込み機〕であなたの首をはねますよ」

よく見ると医師は床に引きずるほど長いあごひげをたくわえ、純銀でできたティファニーの小さなパーティ・ハットを頭に乗せて、耳をくるくる動かしていました。ほんの少量でも、麻酔にはものすごい効果があるものです。


じっとしていると、終わったので待合室でお待ちくださいと言われました。待合室の窓からは、世界がゆっくりと変化し、色とかたちを変えていくのが見えました。

わたしの目は長いあいだに少しずつ悪化していったため、自覚症状がまったくありませんでした。今は冬の真っ最中ですべてが白くかすんでいます。待合室も、向かい側に座っている高齢の女性たち（まちがいなく「ドクターくるくる耳」に会うのを待っています）も、リノリウムの床のはっきりした模様も。外の木々に積もった雪も。

ぼんやりと30分ほども座っていたら、帰宅の許可が出ました。視界はまだぼやけたまま。白内障の手術のあとはそんなふうになると術前に言われていました。また、術後数日間はサングラスをかけてくださいと指示されていました。

冬の淡い日差しで失明する危険があるとは思えませんでしたが、持っているなかでいちばんセンスのいいサングラスを出して、丁寧に磨いておきました。いつものバスで家に帰ろうと、外に出る前にサングラスをかけました。

暗くなりだしたとはいえ外はまだ明るい午後に、大ぶりのサングラスをかけてバスに座ります。気分はまるでグレタ・ガルボ——何しろ彼女はここストックホルム出身！

わたしは誰の力も借りることなく手術を乗り切りました。わたしはひとりを楽しんでいました。グレタ・ガルボのように。

＊＊＊

ようやく帰宅すると、家の中のすべての色が前とはちがって見えることに気がつきました。くっきりとして濃いのです。グレーだと思っていたモーニング・ガウンは、実際は少し紫がかったライラック色でした。びっくり。わくわくします！

そのうち、家の中を歩き回って、それまで見えていなかったいろいろなものを見てみたくなりました。植物、絵、本棚、赤いコート——何もかもが前よりもきれいに、新しく、そう、どういうわけかうれしそうに見えました。埃の膜がはがされたみたい。グレーがかったスウェーデンの夕暮れに、わたしの目にはあらゆるものが鮮やかに映ったのです。

長年絵を描き、色やアートを扱う仕事をしてきたというのに、これほど大切な、色の微妙なちがいまで正確に見分ける力を失っていたことに気づかなかったなんて、どういうわけなのでしょう。

なんだか新しい力を与えられたようで、ほっとしたし、うれしくもなりました。スーパーヒロインになったみたい。「ワンダー・ウーマン」は少々言いすぎにしても、ともかく気分はそんな感じでした。

それから狭い洗面所に入って鏡を見ました。悲しいかな、そこに映っていたのは、愉快なものではありませんでした。はっきり言って、愕然としました。

＊＊＊

気持ちのうえでは、わたしはまだ25歳のつもりです。目が悪かったおかげで、外見も55歳くらいに見えていると信じ込んでいられました。それがいきなり、現実を突きつけられたわけです。

こんなに皺だらけだったの！

そのときは落ち込みましたが、今これを書いているわたしは86歳。当時よりもっと皺が増えています。老いた姿もすっかり見慣れましたし、ゆがんだ昔の自分のイメージと引き換えに、くっきりとした視界を失いたいとは思いません。若さを保つ方法はほかにもあるのですから。

多くの人たちは、皺はなくせると思っているみたいですが、わたしは遠慮しておきます。いつのまにか、皮膚を無理矢理引っぱり上げたような顔になった人や、顔が腫れぼったくなった人を嫌というほど見てきました。整形手術を受けたからといって若く見えるようにはなりません——わたしに言わせれば、整形手術を受けた顔になるだけです。それが望みなら問題はないのですけど。

１０２歳になってまぶたがうんと垂れ下がり、また目が見えづらくなったら、気も変わるかもしれませんが、今のところ整形手術を受けるつもりはありません。

わたしの母はきれいな人でしたが、年をとるにつれて、鏡をのぞいてよくこう言うようになりました。「あ〜あ、ひどい顔ね！」

義母もよく、「ほんとにもう、お墓から掘り起こされた死体みたいじゃないの！」と言っていました。義母はヨーテボリで一、二を争う美人で、結婚の申し込みが引きも切らなかったそう。年を重ね、義母の目には自分が魅力的でなくなったように映ったのでしょう。実際にはそんなことないのに。わたしたちには、温かい人柄が放つオーラと充実した人生を生きた自信が、光り輝いているように見えていました。

ともあれ、義母が白内障の手術を受けなくてよかった。干しぶどうのような自分の姿を突然目にしたら、おそらく彼女は現実を受け入れられなかったでしょうから。


わたしはふさふさの髪に恵まれていますが、髪のお手入れは本当に大切だと思っています。80歳を超えてくると、髪の状態が申し分ないという人はひとりもいません。薄くなり、艶がなくなり、色が抜けてくる人がほとんど。けれど、見た目を気にする――わたしがそう――ならば、顔より髪に手をかけるようおすすめします。

高齢の女性のほとんどはショートカットにしています。扱いが楽だからでしょう。それもだいじなことだとは思うのですが、じつはわたしにはなんの役にも立たないこだわりがあるのです。顔の皺は受け入れられても（むしろ愛せるくらい）、髪を短くした自分の顔のかたちはどうしても好きになれません。だから、髪はずっと肩までの長さを保っています。

魔法を使えるわけではないので、手入れにはそれなりの手間がかかります。丁寧に髪をとかし、洗い、乾かしてブローします。寝癖をつけたままで家を出るなんてことは絶対にしません。ありがたいことに、わたしは今も髪の量が多いです。ですが、そうでない人にも、老いて白くなっていく髪をきれいに見せ、手触りをよくするのにひと役買ってくれる素敵なウィッグやカラーリング剤、ヘアマスクやトリートメントが豊富にあります。髪がたっぷりある人は、伸ばすのもいいでしょうし、上質のドライヤーやカールアイロンを探してみるのもいいわね。年をとっても髪の毛をきれいにしていると、美しく見えるものですよ。

以前見た映画に、ある女性が自分の身体の強さを誇りに思うと落ち着いた口調で語るシーンがありました、映画のタイトルがどうしても思い出せないのですが。彼女のことばを頭に浮かべながら、自分の腕や足、あちらこちらをじっとながめてみると、こんなふうに思えてくるのです。

生きられなかったひとりを含め、わたしは子どもを6人産みました。この身体はいちど死に、ふたたび目覚めました。この身体は嵐からわたしを守り、とんでもない数のケーキを焼きました。笑い、庭に植物を植え、手袋をはめ、人を愛しました。これからも、皺になったからといって自分の身体にメスを入れることはないでしょう。

あの日、白内障の手術のあとに鏡を見たら、ずいぶんと皺が増えていました。わたしにしてみれば初めて見た皺でしたけれど、知り合いはみんな皺だらけのこの顔を何度も見ています。わたしよりよっぽどわたしの姿を見慣れているわけです！

顔に皺があるという理由で意地悪をされたことはありませんし、わたしのほうも誰かの皺のある顔を見て愕然としたことはありません。

ほかの人たちがそうだったように、わたしも自分の顔を見ることに慣れていくはずです。キャリアや人生の喜びが外見で左右されるというのでない限り、あなたも老いていく自分の外見に慣れなければいけません。若く見えることが人生の要などと考えるのは浅はかです。

毎日を笑って過ごし、できるだけ楽しもうと心がけていれば、顔にできるのはいまいましいカラスの足跡ではなく、笑い皺です。幸せでいるためには、笑うことは薬を飲むことよりもはるかにだいじで、効果も大きいのです。とはいえ、言うまでもなく、誰もが楽しく笑えるわけではありません。


うんざりするほど退屈で暗い日々が続き、とても笑えそうにないとき、わたしにはとっておきのエピソードがあります。これを思い出すと必ず、むせるほど笑ってしまうのです。

数年前、わたしは自宅でランチ会を開きました。デザイン学校時代の恩師もお招きしました。わたしが学生の頃にはすでにけっこうなお年でしたから、もうだいぶ高齢になっておられました。先生は60年ほど前にクラスで行ったスキー旅行の映像を持ってきました。それをスクリーンに映し、みんなで楽しい記憶をよみがえらせようというわけです。

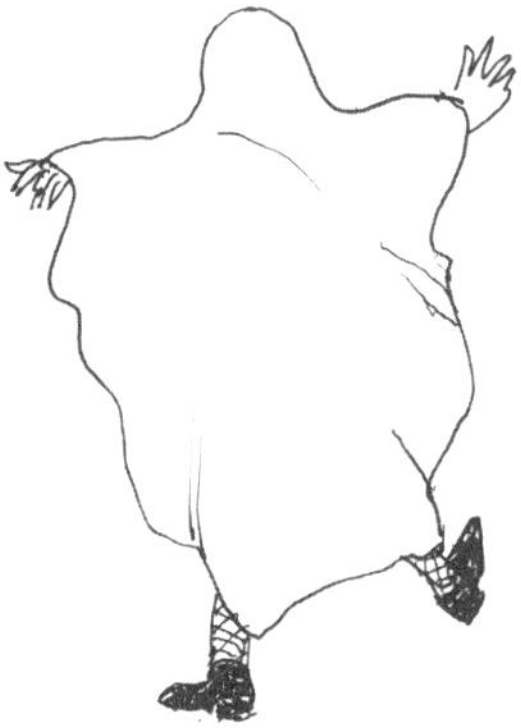

先生はプロジェクターも持参していました。コンセントの差し込み口を探すと、あいにくスクリーン代わりにしたカーテンの後ろ、しかも部屋の隅っこの、手の届きにくい場所しか空いていませんでした。電源を入れようとして、先生は誤って頭を壁にぶつけ、カーテンにからまってしまいました。ねじれたカーテンから脱出しようともがいていたら、なんとその上にプロジェクターが大きな音とともに落っこちてきたではありませんか。

先生にけがはありませんでしたが、その姿は自由の身になろうと両手をばたつかせるカーテンの幽霊のようで、デザイン学校の旧友たちは大笑い。あんまり笑いすぎてスキー旅行の映像を見るのを忘れてしまうところでした。カーテンから救出された先生も、笑いをこらえきれませんでした。

今でもときどき、真夜中に目が覚めて、カーテンのトーガ〔訳注／古代ローマ市民が着ていたような、身体にゆるやかに巻きつける服〕をぐるぐる巻きにした先生を思い出し、大きな声で笑ってしまうことがあります。あの日のランチ会は大成功。笑いすぎたせいで、きっと皺がまた1本増えたのじゃないかしら。

みなさんも、80歳を超える頃には顔によい皺が刻まれている、そんなふうに生きることがだいじです。そしてもっと肝心なのは、眉をしかめているより笑っている時間が長い人生にするために、若いうちから笑って過ごすようにすること。素敵な皺がある人は、年をとっても幸せに見えるでしょう。

Chapter 7
自分がそうしてほしいように若い人とは付き合う

小さな子どもはしばしばおもしろいことを言います。よく聞いてみると、人生について賢明なことを口にすることも。大きな子ども──そう、大人──も話を聞いてもらうのが好きです。話に耳を傾けるようにすれば、若い人たちが会いに来てくれなくなるかもしれないなんて心配する必要はありません。

若い人と過ごすのは、高齢者にとってよいことです。何がいいって、それがだんだんと簡単になっていくことね。年をとるほど、自分よりも若い人が増えていくのですもの。

とりわけ楽しいと思うのは、だいぶ若い、そう、8歳にも満たない子どもたち。そのくらいの年の子は幼児とはちがって、少なくとも文章（に近いもの）を組み立てて話すことができます。

10代の頃、わたしは子どもを持たないと決めました。理由はわかりません。とにかく子どもはわずらわしいし、めそめそするし、人生に必要のない、時間のムダだと思っていたのです。幸い、わたしは気持ちを変えました。まさか自分が子どもを5人ももうけ、7人の孫に恵まれるなんて、その頃は思ってもいませんでした。

小さい子どもたちとおしゃべりするのはおもしろくて、心が豊かになります。彼らのすることは予測がつきませんし、こちらの想像を超えた、思ってもみないものの見方をします。わが家の子どもたちが小さかったときは、彼らの口をついて出ることばに日々驚かされたものでした。

なかでも子どもたちとの旅行は楽しかったわね。子どもは余計なことを考えず、何でもまっさらな目で見ます。思いがけないことや不思議なこと、ときにとびきり愉快なことを言い出したりもします。

義母が以前、亡くなったわたしの夫ラースが4歳くらいのときに親子で出かけた汽車の長旅の話をしてくれたことがあります。

その頃の夫は、まるでカーリーヘアの小さな天使のようでした。退屈な汽車の旅にラースは飽き飽きしていました。窓から外をながめても、興味を引くものがなんにも見えず、ずっと黙っていると、やがて大きな赤い納屋が目に入りました。

当時、田舎の家には屋内にトイレがなく、ましてや水洗トイレなどまったくといっていいほどありませんでした。トイレの置かれた屋外の小屋は狭くて、そのほとんどがスウェーデン語で「falu rödfärg」（ファールン・レッド）と呼ばれる特別な赤い色で塗られていました。レンガ色に近いその塗料は安価だったため、広く使われるようになったのです。昔は木の家よりレンガの家のほうが高級だと思われていて、木造の家の持ち主たちはこぞって自宅をレンガ色に塗りました。

ラース少年は屋外のトイレを見たことはあったものの、都会の子ですから、納屋を見たことがありませんでした。ラースは納屋を指さして、こう言いました。

「Vilket jävla stort dass!（お外のトイレ、すごいおっきいね！）」

それは１９３６年のことでした。義母はとても恥ずかしかったそう。

小さな息子を黙らせようと、義母はかばんからリンゴを出して彼にあげました。ラースはむしゃむしゃと平らげます。しばらくすると、リンゴで腸の動きが活発になったのか、ラースは大きな音でおならを放ちました。

顔から火が出る思いの義母をよそに、ラースのほうは何が起きたのかわかっていませんでした。汽車の騒音にも負けないような大きな声で、彼はこう叫びました。

「Hostar stjärten?（僕のお尻から咳が出てる？）」

＊＊＊

自分の子どもたちが幼い頃は、いっしょにいると彼らの好きなことやできることがだんだんとわかっていったものです。

ところが、よそのお子さんやお孫さんのお世話となると話はちがって、わからないことだらけ。狭い橋の上を走って海に落ちたりしないかしら？　泳げるの？　木に登るのはいいけれど、ずいぶん高いところまで来たとわかったら、降りてこられる？　渋滞を引き起こさずに道路を渡れる？

スウェーデンでは、夏は大好きな待ち遠しい季節。１９６０年代や70年代には、学校にあがる年（7歳）に満たない子どもたちは、夏のあいだ裸で走り回っていました。服も着ず、靴も履かず、真っ裸で。わたしたち家族のように、田舎に住んでいればの話ですけど。

今なら、5歳の子を裸で家の外に出すのはためらわれるでしょうね。でも、当時は誰も気にしませんでしたよ。むしろ、子どもに水着なんぞ着せていたらおかしな人だと思われたくらい。

「なんのために水着なんて着せるの？　何か隠すものでもあるの？」

それがいつしか、小さい子どもにビキニを着せるのはあたりまえになりました。

そういえば、家族でアメリカに移り住んだとき、初めのうち下の娘（6歳）が水着を着るのを嫌がったのを覚えています。そのために、娘は水に入ってはだめよと言われていました。

暑い夏、泳ぎたくてたまらなかった娘は、渋々ビキニを着ることを承知しました。初めて着る水着を扱いきれなかったようで、紐がしょっちゅうほどけて、トップはずり落ちてきます。娘はまったく気にしていませんでしたが、ほかの人たちはみんな気にしていました。そのことでからかわれた娘は、あのビキニが大嫌いになりました。

アメリカに移る前の年、裸でいることとダンスが大好きな娘は、スウェーデン国営テレビが放送した印象的なドキュメンタリーを見ていました。たしか裸で踊る女の人たちの特集です。

その数日後、夫とわたしはだいじなお客様方を招いてディナーパーティを開きました。カクテルを飲み、わが家の5人の子どもたちをゲストに紹介しました。どなたかが、ぽっちゃりした5歳の娘に、大きくなったら何になりたいの？ と聞きました。娘の答えは——「ストリッパー」。

お客様方は倒れそうになるほど笑って、ほかの子どもたちにも将来の夢を聞きたくて仕方がないようでした。どうやらうちの子どもたちは、全員がテレビの見すぎだったみたい——チャンネルはひとつしかなかったのにね。

息子のひとりは、一日中寝ていて、何もしなくてもよくて、制服を着た優しい女性にごはんを食べさせてもらって、お世話をしてもらう人たちが出てくる番組を見たにちがいありません。「それで、君は何になりたいの？」と聞かれ、「患者」と答えていました。

＊＊＊

今では孫たちもすっかり大きくなりました。若者になった彼らといっしょにいる時間は、とても充実しています。突拍子もない不思議な話をいきなりし出すことはもうないけれど、その代わりに興味深い話をあれこれ聞かせてくれます。学校や仕事のこと、パーティでのできごと、趣味、友だち。それから心配ごとやうれしいこと、将来の展望や夢についても。

では、若い人たちとうまくつき合っていくには、どうすればいいでしょう？

ひとつ、たいへん重要なルールがあります。それは、自分が接してほしいと思うようなやり方で彼らに接する、ということ。

前にどこかで聞いたような話かもしれませんが、本当なのです。

若い人たちに、膝が痛いなんて話をするのはやめましょう。マメに連絡しないことに罪悪感を抱かせるのもいけません。

とにかくこちらから質問すること。彼らの話を聞くのです。本音はそうでなくても、彼らの話に興味があるようにふるまいましょう。

料理でもてなし、人生をエンジョイするよう伝えましょう。

こんなふうに行動すれば、若い人たちはこれからもあなたに連絡をくれるし、遊びにきてもくれるはずです。

あなたの家を居心地のよい場所だと思ってもくれるでしょう。彼らの両親よりもあなたのほうが彼らと話す時間が長いのでしたら、なおのことです。

Chapter 8

転んではいけない

——しなやかに年を重ねるために役立つヒント

転ぶのは愉快な経験ではありませんでした。もし転んだらどうするべきか、転ばないためにはどうすればいいかお話ししましょう。

目や耳など、あらゆる臓器は長年働けば当然ガタが来ます。わたしは動きがスローになりました。無理にペースを上げようとするとひどく疲れて、たびたび休憩しなければならず、かえって時間がかかってしまいます。

外を歩いていて急に疲れを感じたときはたいてい、ちょっと休んで、まわりを見回してみます。遊び場で砂のお城をつくっている子どもたち、満開の花を咲かせた木、ピョンピョン跳ね回るカササギ。ひと休みして落ち着いたら、また歩き出します。

子どもたちや友人たちの賢明なアドバイスを聞いて、段差やラグなど、つまずいたり滑ったりしそうなものはすべてマンションからなくしました。それなのに、数ヶ月前、わたしは転んでしまいました。ぴしゃっ！　その瞬間、心ならずもわたしは床の上でうつ伏せになっていました。

ひどい痛みに、なかなか起き上がることができませんでした。手首に巻いたアラーム・ボタンを押せばよかったのですが、そうしませんでした。じきに治まると思っていたのです。明日には平気になっているわ、と。

足を引きずりながらベッドに向かい、どうにかもぐり込みました。ところが数時間がたっても、いっこうに痛みはなくなりません。そこでとうとうアラーム・ボタンを押しました。すぐさま高齢者見守りサービスの緊急連絡センターにつながり、若い男性が応答してくれました。彼はただちに救急車を手配します。そこからふたたび待ち時間のはじまりです……。持てど暮らせど、救急車は来そうにありませんでした。

＊＊＊

いつかの冬の夜のこと、2歳だった長男のヨハンがぐっすり眠っているとき、夫とわたしはクリスマス・イブに息子に見せる映画を撮ろうと思い立ちました。主役はわが家にあるおもちゃ。映画のタイトルは、ラースが大切にとっておいた、「ギャンメルナーレ」（スウェーデン語で年をとったテディベアという意味）という想像力をかき立てる名のついた古いぬいぐるみを見てひらめきました。

映画は、棚に腰かけて自分の存在について思いを巡らせるギャンメルナーレのシーンではじまります。ふいに目の端に何かを見つけて頭を動かし、ギャンメルナーレはバランスを崩して床に落っこちてしまいます。ドスン！　彼は寝たまま動きません。ワイヤーとテープを使って、夫とわたしはおもちゃのトラックを猛スピードで走らせ、哀れなギャンメルナーレを助けに向かわせました。家にあったおもちゃの山の中には、かわいらしい犬のぬいぐるみもありました。ディズニーの『わんわん物語』に出てくるコッカースパニエルに似たそのぬいぐるみを看護師役にし、紐を使って根気よく、彼女がギャンメルナーレをトラックに乗せるところを撮影しました。トラックは、画面に映らないキッチンにある架空の病院へと向かいました。

ギャンメルナーレは元気を取り戻し、健康になって、犬の看護師さんと恋に落ちます。物語はめでたし、めでたし。

明け方近くまで映画を撮影しながら、わたしたちは死ぬほど大笑いしました。初期の自己流ストップモーション機能を使ったことや、ふざけるわたしたちの姿が随所に映り込んでいたことを覚えています。ヨハンに映画を見せたときはホームビデオも撮りました。見慣れたおもちゃが動き回っているので、彼はきょとんとしていました。クリスマスには毎年家族でこの映画を見たものです。ヨハンの弟や妹たちは、はてな？　という表情をした幼い頃の兄を見て大喜びでした。

＊＊＊

ギャンメルナーレみたいに転んでしまったとき、わたしはそんなことを思い出していました。もっとも看護師さんに恋はしませんでしたし、お世話になった救急車も立派なものでしたけれどね。

わたしが家で転倒したのは、2020年3月初め。ちょうどパンデミックの初期のことで、誰がコロナウイルスに感染していてもおかしくありませんでした。誰かの咳ひとつで、命を奪われる恐れがあったのです。

病院では付添人も見舞客も認められず、転んでしまった高齢女性を手助けする人はひとりも中に入れてもらえません。医療現場は大混乱に陥っていました。何しろ、いまいましいウイルスは正体不明なのですから。

わたしは近くに住んでいる下の娘に電話をかけました。救急隊の到着まで、彼女はわたしの家の玄関の外で4時間待ちました。

大病院に運ばれたものの、すぐにコロナウイルスとは縁のなさそうな郊外の快適な病院に移されました。大部屋の四隅にはベッドが4つ置かれていました。病院のスタッフは優秀でした。

わたしは骨盤を2ヶ所骨折していて、まったく動くことができません。シャワーを浴びるときも、理学療法士のところに行くときも、スタッフに助けてもらいました。診てくれた医師も親切で、今にもよくなりそうな気がしましたが、その週は入院して治療を受けることになりました。ありがたいと思ったのも束の間、突然別の医師が計画を変更し、わたしはすぐに家に帰るよう言い渡されました。ほかの患者が来るので、ベッドが必要だったのでしょうか？　理由は教えてもらえませんでした。

とにかく、その知らせはショックでした。快適で安全で親切な、小さくてすばらしい病院は、一瞬のうちに消えてなくなったのです。

家に着くと、わたしはベッドに寝かされました。ひとり暮らしですし、自分で自分のことができるような状態でないのはわかっていました。下の娘にふたたび来てもらって、看護師の代わりをお願いするよりほかありません。仕事で多忙だった娘ですが、頼みに応じてくれました。ベッドに寝たままのわたしのために、買い物や料理など、何から何まで面倒をみてくれました。

横になったままコップの飲みものを飲もうとしたことはありますか？　やめておきましょう。とは言うものの、近頃ではストローがどこにも売っていません。立派なことではありますが、社会でいきなり環境への配慮が叫ばれるようになり、その結果盛んになった「反プラスチック運動」の影響を受けた店が多かったからです。やっとのことで娘は、ストローを分けてくれるハンバーガー・ショップを見つけました。

ともあれ、そんな生活をいつまでも続けるわけにはいきませんでした。回復の兆しが感じられず、わたしはだんだんブツブツと不満ばかりを口にするようになったからです。

骨盤を骨折してからというもの、洗面所に行くというただそれだけの動きも、辛くて長い苦行のよう。いったいどうすればいいのでしょう。娘はできるかぎり力を貸してくれました。たしかに、在宅治療のための医療支援をお願いできたのかもしれませんが、何しろ世界はパンデミックの真っ最中。家の中をたくさんの人に歩き回られるのは嫌でした。

親しい友人のひとりは、手術後に長くリハビリセンターで暮らしていました。けれどもそれはずいぶんと費用がかさみ、充実したスウェーデンの医療保険制度もさすがにそこまではカバーしていません。

解決策は、日本、アラブ首長国連邦、そしてポルトガルから助けを得ることでした。何を言っているの？　と思いますよね。わたしの正体は、じつは世界を股にかける凶悪な犯罪シンジケートの古参メンバー、なんて話ではありませんので、ご安心を。「終いじたく」をテーマに著書を書いたおかげで、思いがけず世界中の国がこの考えに興味を持ってくれました。意外にも、さまざまな国の出版社がわたしの本を出版する権利を購入してくれたのです。その収入は子どもたちに遺産として遺すつもりでしたが、どうやらその前にわたし自身の維持費に充てるよりほかないようでした。

子どもたちに渡したいと思っていたお金を使うのは心苦しく感じたものの、わたしの世話で疲れ切ってしまうよりもずっと彼らのためになると考えたのです。

看護師の代わりをしてくれた下の娘がリハビリセンターに電話をかけ、わたしを受け入れて回復の手助けをしてもらえるかどうかを確認しました。すぐに入所が認められたときは安心しました。娘が移動の手はずを整え、服や洗面用具や薬などの荷造りを手伝ってくれました。

ごく簡単なことさえ自分でできない生活は、ストレスがたまるものです。本人ばかりでなく、かかわるすべての人たちにとっても。

初めのうち、わたしはただ仰向けに寝ているだけでした。職員のみなさんは優しく献身的で、24時間体制で必要なときはいつでも助けてくれました。床に落とした薬を拾ってくれたり、足の下に枕を置いてくれたり、携帯電話を充電してくれたり、水を飲ませてくれたり。

数日がたち、理学療法を受けられるようになりました。この数年、わたしはたくさんの理学療法士に出会いました。訪問リハビリの場合、彼らはいつも、まだ寝ていたい早朝にやってきて、「よくなっていますよ」などと励ましてくれます。

入院している場合は、理学療法士といっしょに長い廊下を歩かなければなりません。行ったり来たり、行ったり来たり。何度も何度も。ときには、元気な陸軍軍曹のような彼らにうんざりすることもありますが、わたしはだんだんと彼らが好きになり、感謝するようになっていきました。

わたしが日常生活を取り戻せるように、彼らは懸命に努力してくれました。放っておいてくれというのが患者の本音であることをよくわかっていても、彼らは常に根気強く、明るく患者を励まします。理学療法士がいなければ、わたしは回復できなかったでしょう。すぐに諦めて、死んでしまっていたかもしれません。

＊＊＊

元気になって家に戻ってからは、歩行器を使っています。幸い、リハビリセンターでお世話になっていた期間もそう長くなかったので、国際犯罪シンジケートからの報酬もいくばくかは子どもたちに遺せそうです。

歩行器はすこぶる重宝していて、家の中を歩くとき常に使っています。信じられませんが、たまに2部屋

のマンションのどこかに置き忘れたりすることもあります。そんなときはしばらく落ち着かなくなるけれど、それは進歩だとも思うのです。ほかの部屋に忘れてきたのは、歩行器なしでキッチンまで歩けた証拠だからです。

歩行器にはいい感じの小さなかごをつけました。そこには、ほかの場所に置こうと思いついたものを入れておきます。いつの間にか、わたしの小さなマンションは広大な海に変わり、小さなかごの貨物船が大切なものを別の大陸、じゃなかった別の部屋まで運んでいるかのよう。

貨物を下ろすのをしょっちゅう忘れてしまっても、大丈夫。「終いじたく」をする場所をひとつ増やせばいいのです！

歩行器には、食べものや飲みものを置ける移動式テーブルにもなる小さなトレイまでついています。

目を閉じれば、南シナ海でヨットに乗り、飲んだり食べたりしつつ、愛する人たちとサンセット・クルージングを楽しんでいる気分。ときに海賊に罵声を浴びせ、彼ら

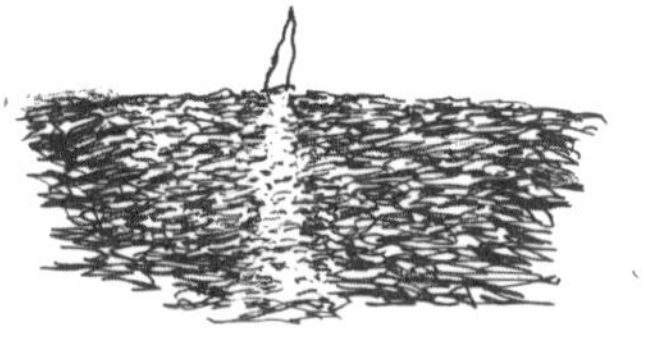

の攻撃をうまくかわしながら。

＊＊＊

わたしは亡き夫の名前から、歩行器を「ラース・ハラルド」と名づけました。夫と同じように、歩行器はわたしを支え、安全を守っています。

友人のひとりは、街で彼女の歩行器を初めて見る人に会うと、必ず自分の親友なのと言って紹介します。別の友人は、歩行器なしでは何もできないといつも怒っていて、もう10年も歩行器と縁を切ろうと奮闘しています。

友人や同年代の人たちが歩行器を使うのを初めて見たときは、そんなのいらないんじゃないか、頼るにはずいぶん早すぎるんじゃないか、と思いました。ですが、自分が転んでみると、そのよさがよくわかります！

あなたが80歳を超えているなら、いえそれより若くても、バランスにちょっとでも不安がある人は、歩行器を手に入れることをおすすめします。というのも、80歳以上の人は、絶対に転んではいけないからです。そうなってしまったら、回復するのはひどくたいへん。トラブルは未然に防止するのが賢明というものです。

歩行器のすばらしさをどうしても信じられなければ、おしゃれで丈夫な杖を見つけて、室内のつまずきそうな場所を歩くときに手元に置いておくのはどうでしょう。長いカーテン、あるいは、もしかすると海賊だって、あなたを転ばせてやろうと狙っているかもしれませんよ。

Chapter 9

何かのお世話を日課にする

ペットを飼い、植物を家に置くことについて。

うちでは長いこといろいろな動物を飼ってきました。猫、犬、鳥、魚、ハツカネズミ。

息子のひとりは、大学時代に蛇まで飼っていたほど。長いこと彼は将来は絶対獣医になると言っていました。近頃では狩猟に夢中で、ヨーロッパ各地で野生の猪を撃ち、冷凍庫にストックしているそうです。動物はいろいろな意味で喜びを与えてくれるのです。

もう何年も、わたしは動物を飼っていません。正直なところ、ペットのいない暮らしは寂しいものです。

かといって、大都市では、土砂降りの雨のなか一日に数回犬の散歩をさせる気にはなれません。田舎に住んでいたときはちがいました。お天気にかかわらず、自然の中を歩くのは気持ちがよかったです。

田舎に住んでいたとき、うちの猫たち、ストリームラ（Strimla、スウェーデン語で「ずたずたに裂く」）とクルンペドゥン（Klumpeduns、スウェーデン語で「不器用な人」）はよく、郵便物を取りにいくわたしといっしょに家を出て、少し先まで歩いたものです。キノコ狩りについてきたりもしました。2匹とも尻尾をピンと立ててわたしのあとを追いかけてきましたっけ。

都会では室内で飼うのがいいでしょうね。ただ、家から出てしまわないよう気をつけなければなりません。都会の道路を猫たちが尻尾を立てて、スーパーまでちゃんとついてこられるとは思えません。気の向くままにどこかへ探検に出かけたきり、帰ってこないのではないかと心配になります。リードでつないでおけばいい？　でも、猫にリードをつけるなんて、ちょっとおかしいわよね。

ふたたび大都会で暮らすようになってから、わたしは猫を飼うメリットとデメリットをずっと考えてきました。猫はよき相棒で愛情深く、かわいい生き物です。子猫につける名前まで考えたりして。丸くなるのが好きな、動きがゆっくりで柔らかい毛の猫はキャタピラー〔訳注／「いも虫」という意味〕。きかん坊の子猫ならドグマ〔訳注／「教義」、「信条」などの意味がある〕がいいかも。

もうずいぶん前になりますが、リルキャットという猫を飼っていました。その猫が子猫を産んだとき、いちばんふわふわの子を手元に残すことにしました。名前はリルファー（スウェーデン語ではLilla Pals［リーラ・パルス］）。リルキャットが年をとって死んでしまったとき、夫とわたしはその亡骸を庭の立派な松の木の根元に埋めました。悲しくて、寂しかったです。わたしたち以上に悲しんだのが、娘のリルファーでした。毎日リルキャットのお墓で丸くなり、長いことそこで過ごしていました。

高齢になり、とくにひとりで暮らすようになったら、自分以外の何かの世話をするといいでしょう。たとえ健康に問題がなくても、年を重ねれば自分のことをするのにも時間がかかるようになります。動きがスローになるからです。食事の支度などいつまでたっても終わりません。「フィーカ」――サンドイッチや甘いものを食べながらコーヒーを飲むスウェーデンの習慣――の用意をするだけでも延々と時間がかかるのです。着替えて髪の手入れをするのに午前中いっぱいかかるような気がするし、自分のことをやっているだけですから、人に感謝されることもありません。自分で自分にお礼を言えばいいのかな。

でも、ペットに餌をあげてかわいがれば、別の生き物とつながることができます。お礼は言わないでしょうけど、ペットは抱っこしてほしくて身体を寄せてくるでしょう。自分以外の何かに優しくするのは気持ちがいいものですし、成長を見守り、日々の変化を感じられるのも思いがけない喜びです。

だから、わたしはいつも、膝の上で丸くなる子猫と、その子のお世話をする生活を頭に思い描いています。夢の中では、重たいキャットフードの缶詰を買って帰らなければならないことも、トイレ砂を交換しなければならないことも、すっかり忘れていられます。

でも、実際に飼うとなれば、子猫といえども大きな責任を伴うことは決して忘れてはなりません。それに、自分で猫の面倒がみられなくなる日のことを、どうしても考えずにはいられないのです。そうなったときにわたしに代わって猫に餌と水をあげ、かわいがってくれる人を見つけておく必要があるでしょう。

あまりに長いあいだ想像を膨らませ、たくさんの子猫に名前をつけているうちに、現実に子猫を迎えるには遅すぎる年になってしまいました。率直なところ、猫よりもわたしのほうが先に死んでしまうでしょう。そうならないまでも、入院する、子どもに会いに行くといった理由で、数日間留守にするときはどうすればいいのでしょう？誰がキャタピラーのお世話をしてくれるのでしょうか？

冗談で、こんな生き物を飼ってみたいと家族に話をすることがあります。魚とかタコなんかどうかしら？　けれど、水槽は手入れがたいへんだし、置くスペースもありません。それにタコはフーディーニ〔訳注／アメリカで人気を博したハンガリー出身のマジシャン。鎖や手錠、あるいは錠のかかったコンテナから脱出する芸で有名〕のようだと聞きます。それほど脱出が得意なら、スローな86歳の女性のもとから逃げ出すのなんてわけもないでしょうね。

ハムスターはどう？　スナネズミは？　オウム？　それともインコ？　なんてね。子猫の世話もできないのに、ほかのペットを飼えるはずがありません。

では、何のお世話ならできるでしょう？

いつだったか、高齢者に小さな植物の世話を任せる介護施設の話を読んだことがあります。どうも、水やりなど、毎日植物の世話をしていた人のほうが長生きしたようなのです（この実験を考えた科学者たちは、植物を与えられなかったことで命を縮めた患者がいることに気がついていたかしらね）

自分の経験からすると、この調査結果は納得です。わたしは庭仕事が大好きで、マンションの小さなベランダから外の植物をながめることができる春を今も楽しみにしていますし、リビングの窓のそばには観葉植物をいくつか置いています。

毎日水をやる必要はありませんが、状態をチェックして、必要に応じて水を与えるのを日課にしています。ときどき枝を刈り、色艶の悪い弱々しい葉を切り落とします。話しかけることだってあります。朝のできごとを報告するのです。毎日見ているので、ちょっとした変化も見逃しません。

しばしば動きがえらくスローになるので、様子を見て必要なときに水やりをするだけでもまあまあ時間がかかります。かわいそうだなんて言わないでくださいね。どうということはないそんな日課を、わたしは心から愛しく思っているのですから。

わたしは生きていて、植物も生きている。すばらしい毎日です。

わたしが旅立ったあと、誰が植物の面倒をみるのでしょう？　それはわかりませんが、かわいらしい植物ですから、きっと誰かが引き受けてくれると思います。

それまでは、植物のお世話を日々楽しむつもり。小さいながらも楽しみ、つまり自分以外にお世話をするものがあるのは、年齢に関係なく重要なことです。

子猫のカトマンズを飼うのは無理でも、アンニ＝フリッドという名のシダがあれば、それでわたしは幸せなのです。

Chapter 10

いつも心をオープンに

新しいものごとに心を閉ざすことが、何よりも人を早く老いに向かわせます。そして、人生の後半になって、今、後悔しているのは受け入れなかったものごとだけだということにも気がつきました。どんなことでも受け入れるようにしましょう。そうすれば後悔しないですみますよ。

わたしは変化が大嫌い。

わたしの若い頃は、掛け布団のカバーには上部にスリットが入っていたので、そこから手を入れて布団の両端をつかんでカバーの中に引き寄せると、簡単にカバーをつけることができました。今のカバーにはどういうわけかスリットが入っておらず、布団カバーの交換がひと苦労。これがもし、朝に家族7人分のカバーを取り替えなければならなかった50年前だったら、わたしは頭がおかしくなっていたかも。

今買うとすれば、時代遅れのわたしは、昔からのお気に入り、スリット入りの古い布団カバーを探します。旧式のものには意味のないボタンなんかもついていませんしね。


わたしは変化が大好き。

今の女性たちが使っている生理用品を見てみてください。感動ものです！　再利用できる月経カップが無料で配られていて、ゴミを減らし、ナプキンやタンポンを買う余裕のない女性や、水道設備の整っていない貧しい国の女性の生活を楽にしています。

それに、今の生理用ナプキンのすばらしいこと！　ようやく、女性に配慮する世の中になったのですね。漏れないし、よい香りがするし、環境に優しいものや羽のついたものまであります。ああ、若返ることができたらいいのに！

なかには迷惑な変化もありますが、ほとんどの変化はそうではありません。重要なのは常にオープンな心でいること。年をとればとるほど、ものごとの変化が速く感じられるようです。しかもそのスピードはどんどん上がっていきます。

時間そのものさえ速くすぎていくみたい。「年をとると、15分ごとに朝ご飯の時間がくる気がするようになる」なんて名言がありますが、おもしろいわね。ただでさえ年をとると皺が増えるのに、笑い皺までできてしまいそう。

＊＊＊

息子のトマスはティーンエイジャーのとき、クラリネットをやってみたいと言い出しました。夫とわたしは息子の希望についてよく話し合いました。子どもは気が変わりやすく、次の日にはバイオリンやハープが弾きたいと言い出しかねませんから、おいそれとクラリネットを買ってやるわけにはいきません。それに、初心者がクラリネットを練習すれば、ひど

く不愉快な騒音を立てるにちがいありません。家族全員が耳栓をつけなければならなくなるでしょう。

けれども息子の意志は固く、クラリネットをレンタルできる楽器店を自分で見つけてきました。レンタル料は分割払いの1回分に充てられ、そのクラリネットは最後に彼のものになる、という仕組みです……彼の熱が冷めていなければ、ですけど。

管楽器はそう簡単に吹けるものではありません。どうにか音を出せるようになるまでだって、相当に骨が折れます。トマスはそれこそ顔が青くなるまで吹きまくりました。そうしてやっと音が出ました。

トマスがかわいがっていたバセット・ハウンドの子犬、イェスパーは横に座り、ご主人様を期待のまなざしで見ていましたが、その顔はやがておびえた表情に変わりました。クラリネットから発せられるのは、とても美しいとは言いがたい音。しかもその音に合わせて、イェスパーは苦痛に満ちたうなり声をあげます。まるで音程も音楽センスもないジャズコンボのメンバーみたいに。

オーーウーーオーアウオーウォウォ！

息子が練習するたびに、イェスパーはうなりました。トマスのクラリネットへの情熱は、わたしたちの想像をはるかに超えた厄介なものでした。家族はクラリネットの音だけでなく、イェスパーの苦しげな声にも悩まされる羽目になったのです。

ある日キッチンで家族の好物のクラムチャウダーをつくっていたら、騒音が聞こえ、しだいに大きくなっていきました。わが家はメリーランド州でも木曜日にスープとパンケーキを食べる習慣を続けていました。クラムチャウダーのレシピは、親切なご近所さんから教えてもらったもの。その人は、わたしたちがアナポリスに到着した日にクラムチャウダーの大鍋を持ってきてくれました。歓迎の気持ちです、と言って。どれほどありがたかったか！

クラムチャウダーはスウェーデンでよく食べていた魚のスープにどこか似ていて、家族中がホームシック気味だったわたしたちには、なおさらうれしいものでした。

小さな植物やおいしいクッキーを持ってきてくれた人もいました。その頃、チョコチップ・クッキーなんてスウェーデンでは見たこともなく、まるで別世界のおいしさでした。食べものをいただいて、味方が近くにいてくれるのだと安心したのを覚えています。それが昨今ではうって変わって、人々は海外からの移住者にいい顔をしません。何もアメリカに限ったことではなく、世界中がそういう傾向にあるのです。

それはともかく、キッチンでクラムチャウダーをかき混ぜていると、とんでもなく奇妙な音が耳に飛び込んできました。どうやら上の階から聞こえてくるようです。

わたしは耳を澄ましました。騒音は大きくなったり小さくなったりを繰り返しています。配管の具合でも悪いにちがいありません。念のため業者に電話し、音の出所をたしかめようと2階に駆け上がりました。

息を殺して耳をそばだてます。それは配管の音ではありませんでした。息子のクラリネット演奏が新しい段階に到達していただけだったのです。トマス（とイェスパー）の立てる音はもはや音痴の楽団のそれではありません。亡霊の館の壊れた配管のような音をがなり立てていました。わたしは階段を駆け下りて、業者に断りの電話を入れました。

夫とわたしは、ひょっとするとこの先ずっとこんな音が続くのではないかと思いはじめました。トマスと話し合い、こんな調子では困ると告げるべきでしょうか？　クラリネットの練習を禁じるべきでしょうか？　いえ、それはできません。わたしたちは広い心で、子どもたちに好きなことをさせようと決めたのですから。

じつは、わたしは今でも申し訳ないと思っています。なぜなら、本音を言うと、新しいものに興味をもったほかの子どもたちのようには、トマスのクラリネットを応援できなかったからです。

トマスがクラリネットを諦めてアメリカン・フットボールをはじめたとき、家族中が大喜びしたのは言うまでもありません。フットボールの装具もレンタルしました。クラリネットを返却し、しばし続いた不快な音から解放されたのは、ほとんど奇跡のようでした。

＊＊＊

さて、今度は娘のアンが乗馬を習いたいと言いました。娘は家からさほど遠くないところにリトルヘイルズ・ステープルズという厩舎を見つけていました。あるとき彼女は自転車でそこへ出かけ、夢を叶える助けになりそうな人を探しました。もうすぐティーンエイジャーになる女の子が乗馬をはじめたいと思ったら、ちょっとやそっとでは諦めません。

遠出から戻ったアンの顔は輝いていました。その厩舎では馬に乗る人が増えても問題はなく、空き時間に厩舎の雑用を手伝ってくれる女の子たちを歓迎してもいました。一生懸命働けば、その報酬として馬に乗せてもらえるというのです。ああ、すばらしきは労働の自由。これぞアメリカの真髄です。しかも、アンの妹もいっしょにどうぞとのこと。厩舎には小さな妹にぴったりのシェットランド・ポニーのピーナッツがいました。

妹のほうは馬に興味を見せたことはありませんでしたが、大好きな姉といっしょに出かけられるのを喜んでいました。

残念ながら、小さなピーナッツは小さなイェインをすぐさま振り落としました。背中に人を乗せるのが嫌だったのかな？　たまたま虫の居所が悪かった？　それとも鞍の紐がきつすぎたとか？　理由はどうあれ、ヘルメットをかぶっていたにもかかわらず、イェインは軽い脳しんとうを起こしました。

プライドを傷つけられて、ちょっと怖かったせいもあるのでしょう、イェインは二度とポニーに乗りませんでした。

けれどもそれを除けば、リトルヘイルズさんは完璧な乗馬講師でした。新しい国で落ち着ける場所を見つけたアンは厩舎が大好きになりました。リトルヘイルズさんは馬の乗り方やジャンプのさせ方のほかに、馬の世話や馬具の手入れ、馬小屋の掃除の仕方を教えました。そして子どもたちはそうした無償労働の対価を受け取ります——馬に乗せてもらえるのです。

ほどなくしてアンは、時間の許す限り厩舎で過ごすようになりました。馬の手入れをしてブラシをかけ、ひづめの汚れを落とします。たてがみを三つ編みにします。厩舎の掃除をします。小型のトラクターで干し草の束を厩舎に運ぶこともあります。新

しい趣味を娘は心から楽しんでいました。でも、わたしは心配でした。ずっと。馬の身体は大きいです。振り落とされたら、首や背中、足の骨を折るかもしれません。厩舎では、馬のひと蹴りで回復できないダメージを負う恐れだってあるのです。とはいえ、娘が愛する馬に乗るのを禁じることはできませんでした。そのため、娘がティーンエイジャーのあいだずっと彼女と馬の心配をしていました。

今にして思えば、何ごともなくて幸いでした。アンは何年も熱心に乗馬に取り組みました。ケガひとつすることなく。

大人になってから、スウェーデンの厩舎で馬に乗っていて、アンは落馬しました。ケガこそなかったものの、それ以来馬に乗っていません。心配がひとつ減ってよかった。ほっとしています。

70年代、多くの厩舎にあった乗馬の装具やヘルメットやプロテクターは、質の悪いものばかりでした。今、孫娘が乗馬のときに身につけるものを見て、その変化に大いに感心しています。頭にはバイクのヘルメットのようなものをかぶり、バックブレース〔訳注／背中をまっすぐに保って姿勢を維持するために着用する〕とレッグ・プロテクションもつけます。乗馬が危険を伴う趣味であることに変わりはありませんが、少なくとも最近はそのことが人々に認識されているようです。

乗馬の装具は昔とはうって変わって大きく変化しています。古きよき時代の乗馬のほうがよかったなんて、とても言えません。むしろ、娘たちに適切な防具もつけさせずに馬に乗せたことが恥ずかしいくらい。

娘たちを厩舎に行かせるのは辛いものがありました。彼女たちが馬糞の臭いをさせて家に帰ってきたときも。それでも、わたしはいつも心をオープンにしようと努力しました。それは当時も今も変わりません。

＊＊＊

シンガポールに住んでいたとき、娘のイェインが聖書の勉強会に参加したいと言いました。クラスメートのひとりのお母さんがその会を主催していて、友だちの何人かがすでにその会場に参加していたのです。みんな陽気で気さくな子たちで、イェインは彼らのことが大好きでした。勉強会は娘にとって聖書を学ぶよい機会になるかもしれないと思いました。何より、キリストについて教えられる人がうちの家族にはいないのですから。

週にいちど、わたしはイェインを車で勉強会に送っていきました。少女たちと先生であるお母さんは丸テーブルに座ります。キリストに関するディスカッションを、みんな楽しんでいるようでした。

数ヶ月がたった頃、勉強会の主催者であるお母さんから、イェインに洗礼を受けさせてはどうかと尋ねられました。

わたしはこう答えました。

「洗礼ならもうすんでいますよ」

「ええ、でもそれは赤ちゃんのときでしょう。イェインが自分でそうすると決めたわけではありませんよね」

たしかにその通り。

そこで、イェインの考えを聞いてみることにしました。娘はぜひとも洗礼、彼らの言うところの浸礼〔訳注／洗礼の一種。全身を水に浸して罪を洗い清める儀式〕を受けたいと言います。アナポリスに住んでいたとき、小さな川で浸礼を受けている人たちを見たことがあります。ちょっと不思議ではありましたが、それほど危ないものではなさそうでした。


式は勉強会の仲間の家で執り行われることになりました。その家に大きなプールがあったからです。雰囲気は浸礼式というよりカクテルパーティのよう。出されたのはフルーツジュースでしたけどね。ゲストはみんなおめかしをして、おしゃべりを楽し

みました。プールの端では、色とりどりの羽根飾りをつけた大きなオウムがゆっくりと行ったり来たりしています。足につけられた輪っかが鎖につながれていて、カタカタと音がします。オウムはしわがれた声でこう繰り返します。

「ハロー、ハロー、お静かに！」

口にこそ出しませんでしたが、まるでフェリーニの映画に迷い込んだような気分でした。まだデヴィッド・リンチが映画を撮る前のことです。

ほどなくして、神父のリム氏がこれから浸礼を受けるほかの人たちとともに到着しました。スウェーデン語で「lim（リム）」は英語の「glue（グルー）」（「糊《のり》」）を意味します。

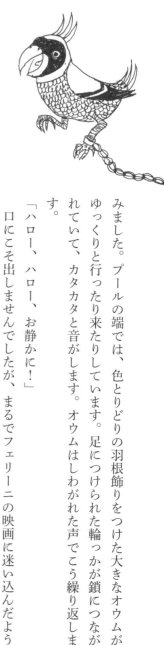

わたしは頭の中で、「ミスター・グルー」がその辺のものにくっついてしまうところや、聖なる手で触れるだけで割れた陶器をくっつけるところを想像していました。もしかすると神父さまは、人間の心だけでなく壊れたものも治せるのかも、なんて。

ミスター・グルーと浸礼を受ける人たちは白の長いガウンを着ていました。彼らはいっしょにプールに入りました。ものすごくゆっくりと、慎重な足取りで。みんな、ガウンを着たままでです。神聖な衣装の生地は目が詰まっていたので、含まれている空気が気泡になって出てくるまでに少し時間がかかりました。しばらくのあいだ、彼らは大きな白い風船のように水に浮かんでいました。

白風船に水が染みこんで、イェインが水に浸ったあとの厳かな瞬間、彼女が微笑んだのが見えた気がしました。

娘は思っていたのかもしれません。プールサイドではオウムがうろうろし、外国からの移住者である大勢の親たちがジュースを飲み、１９８０年代のカクテルパーティの装いで歩き回っているなかで、白い風船のような服を着て、ミスター・グルーによってプールに沈められるなんてめったにあることじゃない、と。

少なくともわたしはそう思っていました。娘もきっとそうだったのじゃないかしら。彼女はシュールなユーモアのセンスを持ち合わせた女性に成長しました。当時ほどの信仰心はないようだけれど。

わたしたちは、浸礼式に家を提供してくれたお友だちのご両親と神父さま、そして集まった人たちにお礼とさようならを言いました。浸礼を受けていない母は、無神論者のわが家に戻ってほっとひと息つきましたが、娘のほうは浸礼式で授けられた新しい聖書を誇らしげに兄姉に見せていました。兄のひとりは、

「いいじゃん、燃やしちゃおうよ」

と言っていました。

その夜、おやすみの挨拶をしにイェインの部屋に行くと、彼女の祈りの声が聞こえてきました。

「神よ、どうかばかなお兄ちゃんをお守りください」

あれから50年ほどがたった今になってつくづく、わたしは子どもたちに対して、大目に見るべきところで厳しくしていたかもしれない、その反対に厳しくするべきときに甘かったかもしれない、と思っています。

3つの異なる地域で5人の子どもを育てるのは並大抵の苦労ではありません。わたしはたいていよく考えずに行動を起こし、行動しながら帳尻を合わせていきました。進むべき道を教えてくれるガイドブックなどありませんでしたが、それでも子どもたちは立派に育っています。

いちばん上は60歳をすぎ、末の子は50歳を超えました。もう子どもとは言えない年ですが、わたしにとってはいくつになっても子どもは子ども、なのです。

＊＊＊

アナポリスでは、上のふたりの息子、ヨハンとヨーンは学校以外の活動をする時間の余裕がありませんでした。授業時間が長くなり、スウェーデンでいちばん高い山、ケブネカイセほどの高さに匹敵しそうな量の宿題が出るようになったからです。

うちの向かいには、息子たちと年の近い、かわいらしい娘さんがふたりいる素敵なご家族が住んでいました。なんという偶然、なんという幸運！

ほどなくして勉強の時間は映画やゲームの時間に変わっていきました。彼らはよく紅茶やサンドイッチ、シナモンロールをお供に、わが家の数段低くなったリビングルームで過ごしていました。

低くなったリビングルームはアメリカに来るまで見たことがありませんでした。それがどんなものかをスウェーデンの友人にわかるように説明するのは骨が折れました。それはリビングにある、床から80センチほど低くなっている20平方メートルほどの長方形のスペースです。1970年代のことですから、床には毛足の長いダークブラウンのカーペットが敷かれていました。水を抜いて、毛皮のコートを着せた子ども用のプールをイメージしてみてください。

わたしたちはそこに枕をたくさん置いて、パンくずやポップコーンが残らないよう気をつけました。ごろごろしたり、遊んだりするにはうってつけのスペースでしたから、ティーンエイジャーにとっては天国だったにちがいありません。

息子たちはときどき庭仕事を手伝ってくれました。白いバラの木を植えたくて、大きな穴を掘ってほしいと彼らに頼んだときのことです。何が起きたのかは知りませんが、ふたりは突然言い争いをはじめました。と思っていたら、あっという間に殴り合い、取っ組み合いのけんかになりました。

わたしは怖くなりました。どうしよう？　割って入っても止められそうにないし、熊手で殴るのはもってのほか。かといって、大声で助けを呼ぶなんて論外です。そこまで危ない目に遭っているわけでもないですし。それに、わたしが自分の息子ふたりの面倒も満足にみられないとなったら、近所の人たちはどう思うでしょうか？

ああだこうだと考えてもどうしようもないとき、人は突然の衝動にかられることがあります。心をオープンにして、すかさずまわりに目をやりました。わたしは巻いてあるホースをつかむと、愛する息子たちに冷たい水を浴びせかけました。

効果はてきめん。ふたりは離れ、はっと我に返りました。わたしたち3人は大笑い。ひっくり返るほど笑いました。カーテン越しにこちらを覗いていた近所の人たちは、呆れた顔で首を振っていました。それを見たら、ますます笑いがこみ上げてきました。

＊＊＊

それから何日かたった10月31日。サマータイムももうすぐ終わる頃です。時計は午後7時を指していましたが、外はすっかり暗くなっていて、午後8時頃の感じでした。真っ暗闇と言っていいほど。暗闇のそこかしこに、子どもたちの笑い声や騒ぐ声が聞こえます。

日が沈んでから、わが家のドアベルは鳴りっぱなし。10月31日はハロウィンです。初めてこの日を祝うわたしたちは、わくわくして興味津々ではありましたが、ちょっぴり緊張してもいました。

１９７５年当時、スウェーデンでは誰もハロウィンを知りませんでしたから、ちゃんとできるか心配だったのです。どうにか無事にやりとげようと必死でした。

現在では、スウェーデンでもみんながハロウィンをお祝いします。もう国民の祝日と言っていいかもしれませんね。わたしのマンションにも子どもたちがやってきます。人々は思い思いの仮装をしてパーティに出かけます。たった……45年のあいだにも、さまざまなことが変わるものですね。

昔、ハロウィンの日に家のドアを叩くのは、いろいろな生き物やキャラクターの衣装を身につけた、体格や年齢もさまざまな子どもたちでした。彼らの創意工夫にはじつに感心させられました。

「お菓子をくれないといたずらしちゃうよ！」

ドアを開けると、子どもたちが叫びます。

そう言われたら、お菓子をあげるだけでいたずらをお願いしてはいけないと聞いていました。子どもたちはたぶんいたずらなんて知らないだろうから、と。それに、あまりよろしくないいたずらだったらどうしましょう？　めっぽう手の込んだいたずらで、終わるまでにとんでもなく時間がかかったら？

怪物やら悪魔やらの不気味な一行が次々とやってくるのですから、いたずらを頼んでいる時間はありません。お菓子をあげるだけで精一杯。


息子のヨーンとトマスは、仮装してやってくる子どもたちに渡すお菓子を円錐形の紙のカップに入れるのに大忙しでした。最初に用意した35個のカップはすぐになくなりかけたので、走ってお菓子を買いに行かなければなりませんでした。近所に住んでいた多くの子どもたちは、街に越してきた奇妙な外国人を見てみたくてたまらなかったのでしょうね。

「彼らはＡＢＢＡ《アバ》の友だちなの？」

よその国から来た、おかしなことばをしゃべる見知らぬ連中は、共産主義者じゃないのか？

　前庭の芝生の水まき事件も、わたしたちの評判をよくするのにあまり役に立たなかったようです。息子たちに水をかけてから数日後、あと何日かでハロウィンという夜、うちの前で騒ぎが起こりました。酒に酔った子どもたちが車からわが家目がけてビンを投げつけ、こう叫んだのです。

「いまいましい共産党員め！　くそったれ共産党員は、国に帰れ！」


　当時、スウェーデンは社会主義国家で、アメリカの人々は共産主義をひどく恐れていました。その頃のスウェーデン人が資本主義を恐れていたように。疑り深い人を責める気はありません。到着した日にスープを差し入れてくれた隣人もいれば、そうでない人もいました。人生とはそういうものです。

　うちではその頃、愛らしいバセット・ハウンドのイェスパーを飼っていました。イェスパーはしょっちゅうお隣の犬のごはんを盗み食いしていました。隣人が、「うちの立派なチェサピーク・ベイ・レトリーバーをいじめるよう、おまえんとこの〝共産党のスパイ犬〟を仕込んできたんだな」と大声で怒鳴るのが聞こえてきました。

　わたしたちは笑って、家族でこう言いました。

「できるものなら仕込みたいよね！」

わが家では誰ひとり、イェスパーに「お座り」さえも覚えさせられなかったからです。

息子たちがお菓子を配っているあいだ、娘たちは仮装の準備をしていました。きゃっきゃと笑うふたりの声が聞こえてきます。

アンはおじいさんのかっこうをして、隣に住むジュディのもとに走っていきました。ジュディはペンギンの衣装を着ていて、彼女とはわかりませんでした。イェインとお向かいに住むジュリーは結合双生児〔訳注／体の一部が結合した状態で生まれた双子〕に扮していました。ふたりで夫の大きなセーターを1枚かぶり、襟ぐりから頭を出しました。そして、それぞれの片脚をくくりつけて、すり切れた2着のジーンズをリメイクした3本脚用のズボンを穿きました。

今ならば、結合性双生児として生まれることがどれほどの困難を伴うかは世の中に理解されていますから、こんな衣装は着られません。ですが当時、人々の考え方は今とはちがっていました。ごく一部の人たちを傷つけることよりも、共産主義者のほうが恐れられていたのです。

仮装した娘たちはだいぶ動きづらそうでしたが、どうにか前に進み、骸骨の衣装を着たもうひとりの少女といっしょによろよろと近所を歩き回りました。

しばらくして、わたしは結合性双生児と骸骨をアナポリスの丘の上にある州知事のお宅まで車に乗せていきました。

立派な玄関前の階段の上では、知事と奥様がお菓子の入った袋を子どもたちに手渡していました。中身をくり抜かれて薄気味悪い顔が彫られ、中にろうそくが立てられた40個のかぼちゃが、玄関に続く道を照らしていました。わたしたちの目には、まるで幽霊の宴会のように映りました。この真っ暗で不気味な夜に、圧巻の光景でした。小さな骸骨がわたしの手をぎゅっと握りました。

＊＊＊

80歳をすぎると、怒りっぽくなります。世の中はいつも新しいことだらけ——新しい政治家、新しい国、新しいテクノロジー。何でも次々と新しくなっていきます。

80歳を超えたあなたには、ふたつの選択肢がありますーー怒るか、流れに任せるか。ぜひとも後者を試し

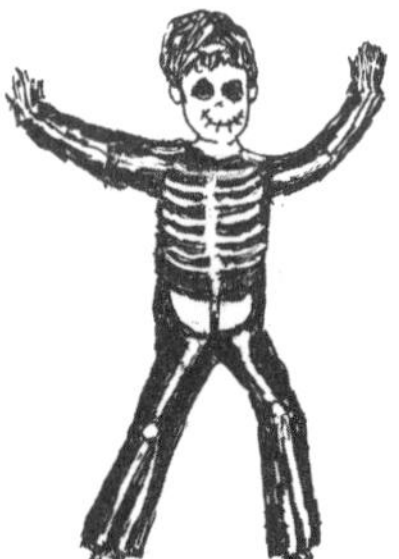

てみてください。変化を受け入れて楽しめるようになれば、気が楽ですよ。

シンガポールに住んでいた頃、中国式の結婚式に招待されたことがあります。子どもたちは誰も行きたがりませんでしたが、わたしは無理にでも引っ張り出そうとしました。一生にいちどの機会かもしれませんし、出席して損はないはずです。結局なんとかひとりだけ連れて行くことになりました。

花嫁は料理教室で知り合った友人のスーザン。披露宴のために、スーザンとそのフィアンセ、それからほかの数組のカップルは巨大なパーティ会場を予約し、赤と金色で飾りつけました。

素敵なチャイナシルクを身につけ、喜びにあふれた幸せなカップルは頬を赤らめ、順番に舞台に上がり、大勢の招待客からお祝いの乾杯を受けます――「ヤムセン（広東語で乾杯を意味する。結婚式では最愛の女性を勝ち取った新郎を祝福することば）！」

スウェーデンでは乾杯するとき、「スコール（skål）」と言います。このことばの元々の意味は「ボウル」です。多くの人は、スコールが「頭蓋骨」（英語で「スカル（skull）」）の現代語だと思っています。わたしたちの祖先であるヴァイキングが、殺した人の頭蓋骨でお酒を飲んだからだというのです。けれどもそれは事実ではありません。たしかにヴァイキングは残虐非道で、蜂蜜酒が大好きでしたが、切り落としたばかりの頭蓋骨でそれを飲むようなまねはしませんでした。ボウルにお酒を入れて「スコール（ボウル）！」と叫んだのです。

スウェーデンには珍しい料理がいくつかあります。なかでも、毎年夏には世界各国から有名なシェフたちがやってきて、シュールストレミングを試食する様子を撮影しているといいます。8月にシュールストレミング、ありていに言うなら腐った魚の缶詰を開けて食べる伝統がスウェーデンにはあります。タマネギやサワークリームなどいろいろな薬味をのせて、スウェーデン風トルティーヤに巻いてちょっとずつかじります。臭いも味も強烈ですが、人によってはあの風味がたまらないそう。わたしもいちど挑戦してみました。二度とごめんです。

中国式の結婚式では8人用の円卓に座りました。中国では8は縁起のよい数字とされています。出席者のなかで中国人でないのはわたしたちだけだったからでしょうか、特別に気をつかってもらい、丁重に扱われている感じがしました。

円卓の中央には回転トレイが置かれ、同じテーブルのほかの6人のゲストが、たくさんの大皿料理を箸で取り分けてくれます。だいじなお客様にはそのようにする習慣があるらしいのです。わたしたちは重要な客でもなんでもありませんでしたが、そんなふうにもてなされるのはうれしいものでした。

鶏肉の尻尾の脂肪の多い部分を、スウェーデン語で「グンペン（gumpen）」と言います〔訳注／日本語では「ぼんじり」や「三角」と呼ばれる部位〕。それでスープをとったりはしますが、それじたいを食べる習慣はありません。あの結婚式では、それが最高のごちそうとされていました。

同じ円卓のゲストたちは、脂ののった小さな尾をわたしたちの皿に置きました。わたしたちは黙ってそれをいただきました。もうちょっと食べ慣れたお料理が出てこないかなあと思っていると、彼らはほかのテーブルにまで手を伸ばして鶏の尾をつかみ取り、わたしたちのお皿にのせはじめるではありませんか。「グヴァイロ（gweilo）」（意味はお化け。お化けとはつまり、わたしたちのこと）〔訳注／グヴァイロはお化けを意味する広東語のスラング。中国人から見た西洋人に対する差別的な表現として使われていた。今は友好的な意味で広く使われている〕は鶏の尾を気に入ったと思われたのでしょうか。

長い夜でした。素敵な夜でした。胃もたれの夜でした。

シンガポールには6年間住みましたが、それはそれはいろいろなことがありました。とっても楽しかったです。なかでもあの鶏の脂身三昧の夜――グンペンの夕べ――ほど記憶に残っている夜はありません。何といっても王族のようなもてなしを受けた夜なのですから。

年をとるにつれ、たとえ本意でなくても受け入れたものごとは、なんでもはっきり覚えているものだと気づきます。白状すると、わたしはいつでも心をオープンにしてきたわけではありません。そうすればよかった、と思っています。

Chapter II

チョコレートを食べる

説明の必要はありませんね。

子どもの頃、ホイップクリームがのったホットチョコレートのおいしさは格別でしたね。雪の日やお誕生日会で、友だちみんなで口のまわりにクリームの白いひげをつけたっけ。

冬休み、身が引き締まるほど寒いよく晴れた日に家族でスキーに行ったときも、雪の森を滑る合間にホットチョコレートを飲むのが何よりの楽しみでした。スキーをしてから魔法瓶のホットチョコレートをすすると、力がわいてきて、もうひと頑張りできるのです。

どうしても飲みたくなると、家でよく姉妹といっしょに――ふたりとも大の甘いもの好き――ココアパウダーと砂糖に牛乳を加えてねっとりするまで混ぜて、ごくごくとあっという間に飲んでしまったものです。

いくつになっても食べたくなるのがチョコレート。ホットチョコレートもすごくおいしいけれど、近頃のお気に入りはチョコレートバー。これなら混ぜる道具もカップを洗う手間もいりませんしね。

＊＊＊

10代の頃、わたしはしょっちゅう服がきつくなりました。いつもチョコレート――

ほかのいろいろなお菓子も——を食べていたせいか、それともホルモンのしわざか、成長期だったからなのかは定かではありませんが、服が小さくなるのはひどく憂鬱でした。ほとんど毎月のように、スカートのウエストを緩くして、裾を長くしてなどと、母に頼んでいた気がします。しかも母はお裁縫嫌いのわたしにそれをやらせるのです。

何度も寸法直しをしたあとで、チョコレートを含め食べる量をちょっとずつ減らすようにしましたが、それでも成長は止まりませんでした。拒食症や過食症といった、わたしの思春期には名前すらなかった深刻な病気にかかったことはないけれど、その頃から長いことわたしは体重に神経をとがらせ、ダイエットを少しばかり過度に意識してきました。

20代前半の頃、将来の夫ラースはわたしを「ルンドスティッケ（rundstycke）」と呼ぶようになりました。彼といっしょになって笑う気分にはなれませんでした。ルンドスティッケとは、ふわふわでまん丸のパンのこと。わたしは何とかしてルンドスティッケを脱却しようと決意しました。

それからすぐに『カロリーガイド』を丸暗記しました。もしラースが「フィンスク・ピンネ（finsk pinne）」（薄くて長いクッキー）なんて呼んでくれていたら、ここまでしなかったのかもしれないけれど、とにかく彼がまん丸くてふわふわのパンとは結婚する気にならないんじゃないかと心配だったのです。

もちろん、何をどれだけ食べたっていいし、まん丸くても美しく幸せかもしれません。そこは人によって考えが異なるでしょうが、丈の長いゆったりした服を着るのは、どうにも性に合わないのです。

その当時（今もですが）は、自分が持っている服を着ておしゃれを楽しみたいと思っていました。怠け者なのでたびたび針と糸で洋服の寸法直しをするのも面倒でしたしね（１９４０年〜50年代にかけて、世界は未だ先の世界大戦からの復興途中で、今日のように安価な使い捨ての服がいくらでも手に入るわけではありませんでした）。それに、体重計の小さな針がしつこく右に振れることなく、充実した食生活を送れるようになりたいとも思いました。

『カロリーガイド』を駆使して、わたしは服がサイズアウトせずに思う存分食べられる方法を考え出しました。そこそこの効果はあったと思います。食べても太りにくいといってそればかり食べていたので、きゅうりにはいささか飽き飽きしましたが。キッチンのテーブルで食事のたびに摂取カロリーを頭の中で足し算していましたから、少なくとも『カロリーガイド』のおかげで計算がうまくなったのはたしかです。わたしが数字に強いと知ってラースは喜びました。家計を任せても大丈夫、と安心したのでしょう。実際、長年にわたり家計管理はお手のものでした。

＊＊＊

数年前に手術を受けたあと、回復のためにリハビリに通いました。そこではカリカリした冷たい看護師に担当されるという不運に見舞われましたが、その人がわたしを痩せすぎだと言ったのです。

最愛のラースが亡くなってから、ずいぶんたっていました。もう彼にルンドスティッケと呼ばれる心配はなく、きゅうりサラダばかり食べて過ごした若かりし日々も遠い昔。どうしても痩せたいなんて、あたりまえですが思っていませんでした――カロリー本もずいぶん前にたしかチャリティ・バザーに出して手放していました――が、手術後に体重が数キロ落ちていました。

若いときの虚栄心が完全に消え去っていなかったからでしょうか、「痩せすぎだ」と指摘されたとき、最初はうれしく思いました……ところが看護師はこうも言ったのです。痩せすぎの高齢者は、すごく陰気ですごく孤独に見える、と。あの看護師ったら、もうちょっと優しい言い方があるでしょうに。

昔友人とよく、老けてたるんできたお肌のハリを保つには、おいしい食べものをおかわりするのがベストかもね、そうすればお腹も満足だし、皺もふっくらするんじゃないかしら、と冗談を言いましたっけ。ケーキのおかわりに手を伸ばしながら、

「たくさん食べれば、皺の溝も埋まるかも」なんてね。

感じの悪い看護師に指摘されてから、食事には真面目に気をつけるようになりました。とくにだいじなのは量を増やすこと。すごく陰気ですごく孤独な人に見られたくなければ、見栄をはる必要などありません。

とはいえ、自分のために料理をしてひとりで食べるのは楽しくありませんね。たいていの人はそう思うのではないでしょうか。それなら誰かを家に招けばいいと言うかもしれませんが、わたしの年になると、たとえちょっと先までだって歩くのはたいへんです。

しかもこの不安なご時世、すぐ近くとはいえ閉鎖された空間で食事をとることは、これまでとはちがって恐ろしい意味を持っています。けれど、そんな状況にあっても多くの人たちは、高齢者でさえも、細心の注意を払いながら屋外や家で親しい友人や家族に会えるよう工夫しています。備えつけのテーブルだって距離をとることはできますし、ひとりで食べなくてもいいならおいしい料理をつくるのも張り合いがあるというものです。

優しくない看護師と別れて家に戻ると、週にいちど気さくな栄養士さんがやってきました。彼女はいつも体重計を持参するので、嫌でも体重を測らなければなりません。それから体重を増やすために特別な栄養ドリンクを飲むよう指導し、健全な食事のためのアドバイスをくれました。

体重が戻ってくるにつれて、栄養士さんの訪問頻度は少なくなっていきました。これはよい兆候です。そろそろ来てもらわなくてもいいかもしれないと、思いはじめています……。

子どもの頃のホットチョコレートとホイップクリームは心の中に刻みこまれ、その跡は年をとるにつれて濃くなっています。おかしいですよね。子どものときの記憶はどんどん薄れていくはずなのに。あのおいしさはたびたび蘇ってきて、ますます恋しくなるのです。

もうカロリーの摂りすぎを気にしなくてもよくなり、きゅうりのサラダばかり食べる必要もありませんし、栄養士さんも毎日来るわけではありません。そもそも、この先そう長く生きるわけではないのです。ですから、近頃では自分の欲求に素直に従うことにしています。

外に出られなかった数ヶ月のあいだ、ドアの外に食料品を届けてもらっていましたが、そのときは必ずチョコレートバーをリクエストしました。

今のわたしのチョコレート欲は、映画『リトル・ミス・サンシャイン』でアラン・アーキン――おだいじに――が演じた老人みたい。孫を持つその人は、70歳をすぎてヘロインを使いはじめるのです。「Nante kotta!（なんてこった！）」と思いながら。

わたしの今の心境も同じ。まさに、「なんてこった」なのです。わたしは86歳。チョコレートで死ななくても、それよりもはるかに不快なものが原因で命を終えるのでしょう。

チョコレートに手を伸ばすわたしの頭に浮かんだのは、深刻な放射能中毒になる恐れがあるのも顧みず、勇敢にも津波に襲われた福島の原子力発電所に入り、消火・救助活動に加わることを志願した、リタイアした日本人消防士と救急隊員たちのこと。

彼らは考えていました。自分たちを中に入れてほしい！　力になれるはずだ！　と。自分たちなら大惨事を食い止められる！　人々の安全を守ることができる！

彼らの言い分には筋が通っていました――このような事態の収拾をどうして若い人たちにやらせ、放射能中毒にさせるんだ？　自分たちはもう年だから、ガイガーカウンターがどんな数値を示そうとそれで死ぬことはないんだ。

きっと彼らは「なんてこった！」と言ったにちがいありません。

もちろん、わたしのチョコレート中毒が国を悲劇から守るのに役立つなんて言いませんが、彼らの勇気には心から敬意を払います。ずいぶん長く生きていると、「なんてこった!」と言うよりほかない日がままあるものです。

チョコレートが血液循環や心臓、脳にプラスの効果を及ぼすことは、これまで数多くの研究により報告されてきました。ただし、チョコレートは赤ワインと同じです――というのも、それとは正反対のぞっとするような結果を導き出した研究も同じ数だけあるからです。赤ワインを飲みすぎると血糖値が上昇したり、不整脈が出たり、悪酔いしたりします。なんてこった!

自分の行いが自分に返ってくるのが人生というもの。それは避けられません。いくら年をとろうと、みずから下した決断の結果は自分で引き受けなければならないのです。まるで永遠に生きると思い込んでいた――というよりは、長生きするかどうかなどもう気にしなくなったと言うほうが正しいでしょう――かのように、わたしは好きなだけチョコレートを食べると決めたのですが、いつからか身体にアレルギー反応が出るようになりました。毎日デザートのチョコレートをひと口食べると、何やらおかしなことが起きます。くしゃみが出るのです。どうかするといちどに8回も9回も続いたりして。

でも、くしゃみが止まったら、またチョコレートを食べます。わたしくらいの年齢になると、「なんてこった!」と思って納得するのがだいじなときがあるのです。

Chapter 12

愛すべき厄介ごと

幸せに年をとるための、スウェーデン流の、いえ、じつはわたしだけのアプローチ。

スウェーデンには「シャート・ベスバー（kärt besvär）」ということばがあって、わたしはこれをとても気に入っています。このことばは、生きていくうえで誰もがやらねばならないことの本質を簡潔に言い表しています。それに、年を重ねるにつれて、いろいろなことがシャート・ベスバーになっていくように思えるのです。

「シャート（kärt）」には「愛すべき」、「愛しの」、「だいじな」、そして「ベスバー（besvär）」には「痛み」や「悲しみ」のほかに、「負担」や「面倒なこと」という意味があります。

毎月の支払いもシャート・ベスバー、つまり愛すべき厄介ごとのひとつかもしれません。面倒な義務だけれど、払えるお金があるのはありがたいですし、ＴＯ－ＤＯリストから項目を消すのは気分がいいものです。

もっと納得できる例をあげるなら、愛する人が病気になったときのお世話もそのひとつでしょう。自分が健康だからこそ看病ができるわけですから、そのたいへんさを愛するべきです。それに、口には出さなくても、相手もいつか感謝してくれると思います。

年をとると、やることすべてを負担に感じるようになります。ほとんど何をするのにも、身体的、あるいは精神的に骨が折れるのです。こうなったら、やらねばならないこと、面倒なこと、おっくうなことの何もかもが大切で、愛すべきものなのだと考えるよりほかなさそうです。

わたしがとくに愛すべき厄介ごとだと考えているものはふたつ。ひとつは記憶、もうひとつは判断力と健康を維持するために続けている毎日のルーティンです。

＊＊＊

それはいつか誰にでも起きることです――いずれ人は記憶をなくしていく、もっとはっきり言うなら正気を失っていきます。ときにわたしたちは、対処すべきことやややるべきことが多すぎると感じるかもしれません。しかし、深刻な病気にならない限り、わたしたちは自分が思っている以上にいろいろなことができるし、多くのことを記憶できるのです。ただし、そのためには、ちょっとだけ時間をかけて、自分に寛容になり、考え方を変える必要があるでしょう。

年をとるほど、記憶にだまされることが多くなります。でも、記憶力がいいのはすばらしいことですから、今でもわたしはそのために努力しています。電車の時刻表を暗記したいわけではないけれど、人の名前を覚えられるのは便利だし、だいじなことでもあるからです。誰かの名前を思い出そうと記憶をたどるのはわずらわしいですが、突然思い出せたときはうれしくなります。

40歳頃にはすでに名前を覚えるのがだんだん難しくなっていくそうです。わたしはしばしばこう自分に言い聞かせます。40の2倍を超える年齢なのだから、何かを取りにキッチンに入ったはいいけれど、何を取りにきたのか忘れてしまうのもそうおかしなことではないじゃない？　と。

ちょっといらいらはするけれど、スタート地点からやり直せば、何を取りに行ったのかすぐに思い出します。わざわざ歩いて戻るのは厄介ですが、思い出せているうちは大丈夫。

クロスワード・パズルや数独は脳の老化予防に効果的だそうですね。ブリッジなどの記憶ゲームで脳を鍛えるのがいいと言う人もいます。たしかにその通りかもしれませんが、わたしはパズルもカードゲームもあまり得意ではありません。

でも、数々の研究によると、脳の老化を防ぐには頭を使うゲームをするよりも身体を動かさなければならないといいます。運動は全身の健康だけでなく、ストレスにうまく対処したり、創造力を磨いたり、記憶力を高めたりするのにも重要です。

以前親しい友だちに、20分以上座りっぱなしでいてはいけないとアドバイスされました。映画を見に行くのが好きな人は困るでしょうね――ショートフィルム・フェスティバルなら問題ないかしら。

イスは最も危険な発明だと、どこかで読んだこともあります。座っている時間が長すぎるのが何よりも身体に悪く、そのせいで病気が悪化して死ぬ人が多い、というのです。

それが本当かはわかりませんが、座りっぱなしでいないように心がけてはいます。わたしは立ったり、歩行器で行ける範囲で動き回ったりするほうが好きです。

毎日楽しく運動する方法も見つけました。毎朝9時頃にテレビで放送される、短時間の軽いエクササイズ・プログラムを見ながら身体を動かすのです。これこそまさに愛すべき厄介ごと。今日は無理かもしれないと思う日もありますし、たいてい身体のどこかが痛みます。それでも、見よう見まねでどうにか動きについていけるのはありがたいことだと思っています。

＊＊＊

暇を持て余している？　最近睡眠時間が短くなり、まったく寝た気がしないのに日が昇るずいぶん前に目が覚めてしまうようになった？

これらもやはり年をとった証拠なので、日々格闘しなければなりません。年をとったら、どんなにわずらわしいものでも、すべてのルーティンを愛すべきルーティンにしなければならないのです。

たとえばわたしは、毎朝新聞が届く頃、本棚にあるのを忘れていた本を読み返すことがあります。これからはじめる趣味を想像することも。携帯電話もしょっちゅう使います（子どもたちに聞けばわかるでしょう……）。服やシーツやタオルを定期的に洗濯します。自分の小さなマンションをできる限り片づけます。広いマンションでなくてよかったわ。

こうしたことは、たしかに何も特別なことではありません。みなさんはスウェーデン人ならではの秘訣を期待していたかもしれませんが、豊かに幸せに年を重ねる秘訣は、自分なりのやり方でルーティンを愛しむことだとわたしは思います。

いつまでひとりで生活できるか、数週間先まで生きられるかどうかさえ、自分では決められませんが、日々の生活をどんなふうに送るかは自分で決めることができます。わたしは総じて、毎日のルーティン、毎日の生活を愛すべき厄介ごとだと思えていますーー完璧、とまでは言えませんけどね。

Chapter 13

ストライプを着る

ストライプは男性にも女性にも子どもにも、そしてわたしにも似合います。流行遅れにならないので、結局は安上がりなのです。着ても若くは見えないかもしれませんが、老けて見えることもありません。

なぜかしら、ストライプには不思議な魅力があります。これはもう魔力と言ってもいいわね。

シンプルな線やブラシでさっと描く一本線は方向や範囲を示し、停止線にもなります。ストライプをいくつか組み合わせれば、おもしろいパターンをつくることだってできます。

わたしはストライプが大好き。主に縦ストライプですが、横ストライプもＯＫ。ストライプのセーターやワンピースを着ると、新鮮で元気な気持ちになります。ストライプは時代に関係なく、老若男女に似合う柄。明るく生き生きとして、それでいて控えめな印象を与えます。

ストライプはスポーティですが、ヴァーサロペットを目指すトレーニング・チームのメンバーに見えるほどではありません。ヴァーサロペットは、相当な強者《つわもの》が参加する、スウェーデンではメジャーなクロスカントリー・スキーの競技会で、スキーヤーが凍てつく晩冬のスウェーデンを90キロにわたって滑走します。デンマークの圧政から この国を解放した国王を称える、世界最古のクロスカントリー・スキーの大会です。

当時は誰もストライプ柄なんて着ていなかったでしょうね。１５２０年にストライプが流行していたとも思えませんし。

まっすぐな水平線を思わせる横線は、心を落ち着かせると言われています。わたしもそう思います。一方の縦線は、まるで鼻先でぴしゃりと閉められた門やエレベーターのドアのように、憂鬱な気分にさせるかもしれません。けれど、縦でも横でもストライプはストライプです。

幼い頃、初めてペンを使って紙に何かを描いたときは楽しかったです。線を描き、それに線を何本も足して家を描いたり、そこに住んでいる人を描いてみたり。今の子どもたちは、コンピューターに初めて触れたとき、どんなふうに感じるのでしょう。残念ながらわたしにはわからないけれど、当然コンピューターならではの発見があるはずです。わたしくらいの年の人間は、そう思うとなんだかほっとするのです。

キャリアの大半を線を描くのに捧げているアーティストは数多くいます。51歳のスウェーデン人アーティスト、ヤーコブ・ダーグレンもそのひとり。彼はその芸術的発想とストライプに対するこだわりを体現することを創作のテーマにしています。ダーグレンはこの15年間ずっとストライプのTシャツを着ていて、そのコレクションは膨大な数にのぼります。すべての作品にストライプが描かれていて、じつに魅力的なのです。

数年前に、ストックホルムのアンドレン・シプチェンコ・ギャラリーで開かれたダーグレンの展覧会を見に行きました。独創性に富む巧みな仕掛けにあふれた楽しい空間は、どこもかしこもストライプだらけ！　大型の作品（縦2メートル横3メートルもの大きさ）はとくに圧倒的な存在感。近づいてよく見てみたら、それは木製の黒と白のコートハンガーをいくつも集めてつくられていました。離れたところからは、それが等間隔の縞模様に見えるのです。なんと説明すればいいでしょう。とにかくそれはストライプでした。明るい、きれいな色の作品が多く、見ていておもしろかったです。

ヤーコブ・ダーグレンはスウェーデン各地の公共の芸術作品を数多く製作しています。ヨーテボリ美術館をはじめ、世界各国の美術館にも作品が展示されています。その人気ぶりから、世の中にストライプ好きがいかに多いかがよくわかります。

以前のようには自由に動き回れなくなりましたから、わたしは今ではオンラインで展覧会やアーティストのスタジオ訪問を大いに楽しんでいます。アイルランド出身のアーティスト、ショーン・スカリーを発見したときには、彼の絵の意味や、自分がその作品に惹かれる理由を理解するのにしばらく時間がかかりました。

スカリーのお得意は落ち着いた色調でストライプを描いた大きな絵です。それを彼はときに何度も何度も塗り直します。先日、製作中の彼のスタジオをバーチャルでのぞいてみました——すばらしかったです。

ご紹介したふたりのアーティストは正反対のタイプ。ストライプを通して、ひとりは喜びや遊び心を、もうひとりはより重厚で、ときに陰鬱でさえある美を伝えています。

何世紀にもわたって、ストライプの服は憎まれ、そして愛されてきました。ストライプの服にはさまざまな役割があったのです。サッカーの審判はかつて白黒の縦縞のシャツを着ていましたが、言うまでもなくいつも嫌われ役でした。囚人が着ていたのも縞模様の服です。そういうイメージは忘れてしまいたいところ。それに対して、1993年のノーベル賞のパーティでスウェーデンのシルヴィア王妃がお召しになった、白と黒の幅広の縞模様が施された美しいドレスは、今思い返しても素敵です。ニナ・リッチのデザインでした。

王妃のように華やかではないけれど、わたしも何枚かストライプ柄のワンピースを持っています。近頃ではもう着ていませんが、どうしても手放すことができません。そのうえ、ストライプのTシャツとなると、相当な数を持っています。

わたしの夫は、間の抜けた絵におかしなことばやスローガンがプリントされたT

シャツを好んで着ていました。なかでも覚えているのがこのふたつ。ひとつは大きな牛の顔のイラストに、「アルマジロのエイミー」と書かれたもの。むっつりした表情をした牛の頭の上には吹き出しがあって、「あたしはアルマジロじゃないよ」と言っていました。その牛とアルマジロにどんな関係があるのかはわかりません。夫はたぶん、見た人があれこれ考えるのをおもしろがって、そのTシャツを着ていたのだと思います。意味を聞いても、彼はきっといわくありげな抜け目ない笑みを浮かべるだけだったでしょう。

もう1枚のお気に入りTシャツには、「修復不可能」とだけ書かれていました。そのままの意味なのでしょうけど、それを着る人の妻からすると、簡単に「はい、そうですか」と言うわけにもいきません。そんなふうに決めつけられたら、それ以上どうにもできないわよね。

横ストライプの服は太って見え、縦ストライプは痩せて見えるとも言われています。毎日大量のチョコレートを食べ続けていたら、いずれわたしはお気に入りの横ストライプのシャツは諦めて、縦ストライプのシャツばかり着なければならなくなるのかも。

近藤麻理恵は、家の整理整頓と掃除のスペシャリストとして世界中にその名を知られた日本人女性です。彼女の著書に刺激されて、多くの人が片づけ、とくにワード

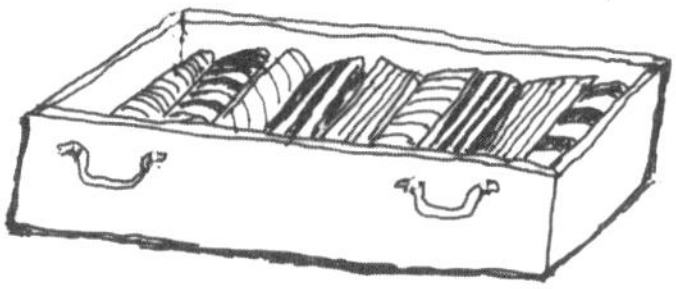

ローブの整理に取り組みました。わたしも影響を受けたひとりです。なかでも彼女が広めたのは、収納量をアップさせつつ、すべての服がよく見えるような賢い衣類のたたみ方です。

わたしのワードローブの中で、いちばん場所をとっているのがストライプのTシャツです。すべて近藤麻理恵式でたたんでありますが、引出しはいっぱいでもう入りません。

じつは、わたしの家にはストライプのシャツを入れる引出しがふたつあります。どうやってこんなにもたくさんのストライプ・シャツを集めたのでしょう？　白いストライプのブルーのシャツ、赤いストライプが入った白いシャツ、ピンクのストライプ入りの黄色いシャツ、白に緑などなど、あげればきりがありません。

手持ちのストライプ・シャツのリストは信じられないほどに長く、整理された引出しを開けると、色別に収納されたストライプの連合体が無限にあるように見えるのです。

このストライプ・シャツのコレクションは、次の作品のためにヤーコブ・ダーグレンに寄贈したほうがいいかしら――創作のヒントになるかもしれませんよ。いずれにせよやはり数が多すぎるので、引出しの終いじたくをしないといけませんね。

とは言いながら、若くは見えないまでも、ストライプを着て老けて見えることもないし、着ればいつだって明るい気分になれるのだからいいわよね、なんて思い直すのです。

Chapter 14

年下の人たちに囲まれる

――若き日の夢を忘れずに

80歳以上の人の多くは、「今どきの若者は」とよく愚痴をこぼしますね。でもこれはあまり感心しません。わたしは若い人たちといっしょにいるのが好きです。彼らは新しい考えを持っているので、わたしの脳も元気でいられるからです。若い人たちといると、いつも思い出すのです。本当に手遅れにならない限り（死なない限り）、何かをするのに遅すぎることはないのだ、と。だから、タップダンスを踊りたいという希望はいつまでも捨てないつもりです。

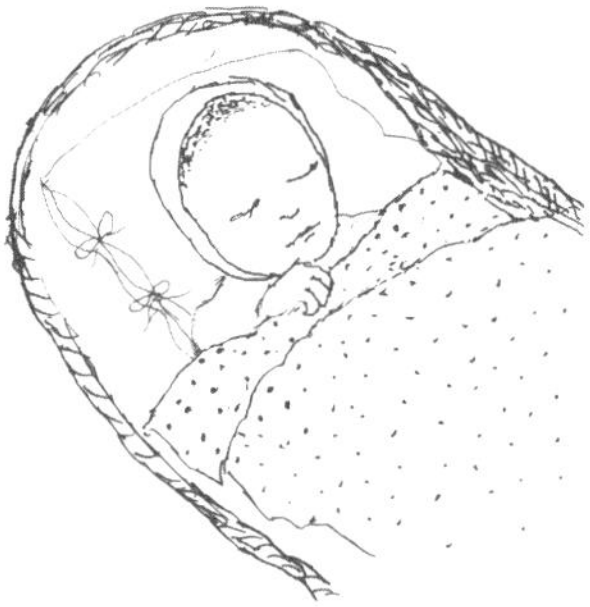

初めての著書の出版記念パーティの帰り、わたしの喜びは最高潮に達していました。85にして作家デビューを果たしたのです。出版社のアッベになんとお礼を言ったらいいでしょうと尋ねると、彼は笑ってこう答えました。

「わたしに感謝してくださるのなら、あなたよりも若い人にいつも親切にしてあげてください。それだけで十分です」

ほとんどの人はわたしよりも年下なのですから、そうする機会はいくらでもあります。

でも、それとはまた別の理由で、わたしには今までもその機会がたくさんありました。まわりにいつも年下の人たちがいたからです——5人の子どもにその子どもたちのほか、子どもや孫のお友だちも。

2006年にヨーテボリからストックホルムに移ったときには、すでに夫は亡くなっていました。悲しみは消えていませんでしたが、デザイン学校に通っていた20歳の頃に住んでいた大都会を再発見しようと思っていました。長年夫と暮らしていたのは、スウェーデンの西海岸にある島の小さなコミュニティ。ストックホルムに来たら、またギャラリー巡りができるとわくわくしていたのです。

ストックホルムの生活にはすんなりなじむことができました。新しい友人もできて、うれしかったです。

ウルリクという若者が、いっしょにアートをテーマにしたブログを書きたいと申し出てくれました。古くからの友人のお子さんや自分の孫といった若い人たちが、夕食を食べにやってきました。島にいたときとはまるでちがう生活。若い頃にエンジョイしていた生活です。

年をとったら、若い人たちの話に耳を傾けることがだいじですね。そのほうが、拳をふるわせ、杖を振り回し、昔はよかったと嘆く80代の人の話を聞くよりも、何倍も愉快で興味深いですよ。

＊＊＊

わたしの父は医者でした。専門は産婦人科。住んでいたマンションの入り口には、父の名前と職業が刻まれた金色のプレートがかけられていました。ダンスやパーティのあとでわたしを家に送り届ける男の子たちのなかには、どういうわけかそのプレートを見て表情が変わる子たちがいました。もしも父が花屋や建築業者だったら、ちがっていたでしょう——顔を赤らめたり含み笑いをしたり、なんてことはなかったはず。プレートを見たときどんな反応を示すかは、わたしにとって十代の若い男の子の未熟さを測る一種のものさしになりました。今あのときの彼らの表情を思い出すと、ちょっと笑ってしまいます。

わたしが5、6歳のときだったでしょうか、日曜日になると、父は患者の様子を見るためにわたしを連れて病院に行きました。父が診察しているあいだ、わたしは廊下で待っていなければなりません。よく辺りを歩き回って、壁にかけられたものやガラス扉のキャビネットの中を見ていました。不思議な道具や人工装具が並んでいて、たまに親切な看護師さんが立ち止まってしばらく相手をしてくれたので、退屈したことはありませんでした。

父の仕事が終わるとすぐに、ふたりで絵画や彫刻を見に1軒、ときには2軒、画廊に足を運んだものです。目にするものすべてが楽しくて、そのときの経験はこれまでの人生の糧となってきました。外国や知らない街で美術館を訪れ、目の前にあるのがずっと前に父と見た作品だとわかると、いつも懐かしい友だちに再会したような気持ちになります。

日曜日にはときどき——雨降りのときを除いて。ヨーテボリは雨がたいそう多いの

です――、港にも行きました。父は写真を撮るのが大好きで、なかでもカメラにソフトフィルターがかかったように写る、かすかに霧が漂う日がことのほかお気に入りでした。わたしは今でも父が撮った港の写真を大切にしまってあります。

たまに、家政婦のカールソンさんの見ていない隙にパンを何枚かくすねられたときは、父はそれを袋に入れて持ってくるか、ポケットにパンくずを入れるかしていました。カールソンさんは、家政婦というよりはわが家のボスでした。父でさえ彼女の前ではちょっとおどおどしてしまうのです。父もわたしも、カールソンさんはわが家の在庫品の管理が厳しすぎる、と思っていました。でも、ムダに彼女を怒らせたくなかったので、見つからないように用心するよりほかないのでした。

港に着くとすぐにカモメやアジサシがわたしたちのまわりを囲み、カモがこちらに向かって泳いできます。どの鳥もキャッチできるように毎回狙いを定め、鳥たちに向かってパンを投げるのはおもしろかったです。

袋が空になると、父はそれを口にあて、大きく息を吸い込んで袋に吐き出すや、すかさず叩きます。バンッ！　翼をバタバタさせて大騒ぎをしながら、鳥たちが飛んでいきました。

それが日曜日のクライマックスでした。それから家に帰ってお昼ご飯を食べました。

＊＊＊

父は「昔かたぎの」医者でした。赤ちゃんが生まれるときは立ち会うからねと患者に約束したら、そのことば通り、たとえクリスマス・ディナーを抜け出してでも駆けつけるような。実際に、いちどそんなことがあったんですよ。しばらくして父は家に戻って来ました。とても幸せそうな顔をして。

わたしが5人目の子のお産を控えていたとき、両親がやってきました。当時住んでいたのは、ヨーテボリから数キロ離れたところです。夫のラースは不在で、わたしは妊娠9ヶ月。いつ生まれてもいいように準備はしてありました。わたしが病院にいるあいだ、子どもたちの世話をすることになっているベビーシッターも呼んでありました。

コーヒーとジンジャーブレッド・クッキーを用意し、みんなでおしゃべりをしていました。すると、何ごとにも油断のない父が急にこう言いました。「早産の可能性がある。病院に行かなきゃダメだ」。子どもの頃しょっちゅう病院の廊下を行ったり来たりしていたせいでしょうか、わたしは病院でじっと座って待っているのが嫌いです。できるだけぎりぎりまで家にいたいと思っていましたが、父にそう言われてはとにもかくにも行くしかありません。

とはいえ、まずはベビーシッターに事情を話しておかないと。彼女には、今から病院に行くので、好きなときにボーイフレンドを呼んでもかまわないと言いました。彼には前に会ったことがあって、悪い人ではないようでしたから。すると彼女は顔を真っ赤にして言いました。

「えっと、じつはもう来てるんです。ゆうべ壁をよじ登って部屋の窓から入ってきて」

「あら、そうだったの」とわたしは答えました（心はオープンでなければね）。

「よかったわ。今度からは玄関から入るよう伝えておいてちょうだいね。何日かこの家でいっしょに過ごすといいわ。楽しんで」

父は産科病棟までついてきましたが、分娩室に入ることは許可されませんでした。30分もたたないうちに赤ちゃんは生まれたのに、医師や看護師たちは心配そうな表情です。困ったことに胎盤が全部出てこないというのです。わたしもだんだんと不安になってきました。

医師が直前に何か食べたかと聞くので、ジンジャーブレッド・クッキーと答えました！　それを聞いて先生は胃洗浄の処置に取りかかりました。あのクッキーのせいだ！　あれ以来、わたしはほとんどクッキーを食べていません。

けれど、生まれてきた女の子はそれはもう美しく、消化しきれなかったクッキーのことなどどうでもよくなりました。髪の毛は薄かったですが、ご機嫌な顔をして、かすかにおもしろい音を立てていました。

翌日、おじいちゃん、おばあちゃんが奇跡のような赤ちゃんに会いにふたたび病院にやってきて、アメリカから戻る途中の夫からは電報が届きました。わたしは幸せをかみしめていました。

幸せ。

わたしはそれが何かを知っています。

それは、若い人たちに囲まれること。

わたしの父はそれを知っていました。わたしも知っています。80歳を超えたら、76歳の人も自分より若い人です。そういう人たちがいてくれるのも幸せなことなのです。

＊＊＊

あたりまえですが、愚かな人はいます。若かろうと年をとっていようと関係ありません。それに、わたしは若い人が高齢者よりもすばらしい、興味深い、価値があるなど言うつもりは決してありません。若い人は経験不足で、考え方が新しく、わたしくらいの年齢のほとんどの人がそれまでに遭遇し、乗り越えてきた問題や心配ごとを抱えています。若い人たちに囲まれるのは、昔の自分を忘れないためのひとつの方法です。

若い頃、わたしは自分の未来に大いに期待していました。世界的に有名な画家になるんだ。人間の切なる望みを描きたい。魂を絵で表現したい。最高の画廊で展覧会を開こう。何があっても諦めたりしない。

若い人たちが夢を語るのを耳にするとき、わたしは若かりし頃の自分を思い出し、自分が今でも何も変わっていないことに気づくのです。

若いとき、できるようになりたいと思い続けていたことが3つあります。トランペット、タップダンス、そしてもうひとつは「ブスヴィスラ（busvissla）」――指に口を入れて大きな音を鳴らすこと――です〔訳注／日本で言う「指笛」と思われる〕。ブスヴィスラは英語では何と言うのでしょう。娘のひとりは「ウルフ・ホイッスル（wolf whistle）」（魅力的な女性を見て男性が吹くヒューという口笛）が近いのではないかと言いますが、ちょっとちがう気がします。いずれにしても、うまくできれば人の注意を引くことができるのです。

この3つを、なぜやりたいと思い続けているのかは自分でもわかりません。何かのときに役立ちそうなものもあれば、楽しむためだけにやるものもあります。

知り合いの女性は、とびきりエレガントな人でした。ある日その人とショッピングに出かけました。買い物がすみ、荷物が重かったのでタクシーで家まで帰ろうということになりました。わたしは自分の目が、耳が信じられませんでした。タクシーを停めるのに、そのエレガントな女性は手を振るのではなく、大きな音を響かせたのです――ブスヴィスラです。その姿のかっこいいこと！　そのときから自分もやってみたくて頑張りましたが、できた試しがありません。どうしてなのでしょう。わたしの唇や歯や舌は、ブスヴィスラ向きにはつくられていないのかしら。

トランペットも大きな音が出ますが、騒音を出すためにトランペットを吹きたいと思ったわけではありません。若いときトランペットの音楽が大好きで、とくにルイ・アームストロングやバニー・ベリガン、ハリー・ジェイムス〔訳注／いずれもアメリカ人ジャズ・トランペット奏者〕などの曲をよく聞いていました。

いちど友人にトランペットを借りて、音を出そうと挑戦してみたことがあります。しかし努力はいっさい実を結ぶことなく、トランペットを友人に返しました。そのときに思ったのです。聞いているだけのほうがうんと楽しい、と。それでも、今も時折、どうしてもあの大きな音を出してみたいと思うことがあります。

タップダンスはわたしが生まれた30年代に人気がありました。ダンスのうまかった父はタップダンスも踊れました。父は幼いわたしに教えようとしましたが、わたしはついぞ踊れるようにはなりませんでした。

タップダンスとはちょっとちがうのがジルバです。20年後の1950年代にはわたしもストックホルムでジルバを踊りました。わたしでも踊れたのは、たぶん相手が最愛のラースと同じ身長だったからです。

今はフレッド・アステアとジンジャー・ロジャース〔訳注／ともにアメリカ人俳優。数々の映画で共演している〕のタップダンスをユーチューブで見るのが楽しみ。まだまだ、習ってみたいとも思っていますけどね。

わたしはまだ諦めていませんよ。今だって望みはあるわ。きっといつかバルコニーでブスヴィスラをし、タップダンスをするでしょう。とはいえ、ご近所迷惑になるといけませんから、トランペットを吹くのだけはよしておきます。

＊＊＊

何をやるのにも遅すぎることはありません。
本当に手遅れなのは死んでしまったときだけ。

遅すぎると思うようになった瞬間、死に近づきはじめるのです。これからもわたしはやりたいことを何でもやるつもり。もしかしたらニューヨークで展覧会を開くかも。生きていたら、父もきっと喜んでくれたでしょうね。

付録●「終いじたく」のための補足とヒント

人生でいちばん重要な話を大切な人にどう切り出すか

年を重ねると、親と過ごす時間は減っていきますから、「終いじたく」について話すタイミングもなかなか見つかりません。ホリデー・シーズンには多くの人が兄弟姉妹や親に会いに遠くの実家に向かいます。どんなにすばらしい親も、年をとっていくのです。どうかすると、ほかの人にはガラクタにしか見えない荷物の山に囲まれて、満足している親もいます。親の持ちものを全部、最後に始末しなければならないのは誰なのでしょうか？

ホリデー・シーズンは一年のなかでも心温まる楽しいときですが、みんな必要以上にものを買います。プレゼント、食べもの、エッグノッグ〔訳注／卵、牛乳、砂糖、スパイス、アルコールなどでつくるホットドリンク〕……きりがありません。じつは、休暇もあと数日で終わるというときが、どれだけたくさん買い物をしているか、いかにものがありすぎるかについて話を切り出すのにいちばんいいタイミングなのです。

クリスマス・イブや久しぶりに実家に戻った最初の日は、やめたほうがいいですね。休暇が台なしになってしまいかねませんし。ただ、わたしの経験上、ほとんどの家族は休暇中のあれやこれやを金銭的にも身体的にもかなり負担に感じています。この点については誰もが共感するところでしょうから、話の糸口になると思います。

なんの祝日にせよ、次の休暇はどうするのか話し合っておきましょう。スウェーデンには夏至祭〔訳注／6月の第3土曜日〕があります。世界には、イード〔訳注／ラマダンの終了を祝うイスラム教の祝日〕、ディワリ〔訳注／ヒンドゥー教の大祭〕、プリム〔訳注／ユダヤ教の祝日〕といった祝日があります。そのほかにも、誕生日や結婚式、養子縁組、お葬式などの機会もありますね。

いつでもいいのです。だいじなのは話をすることです。

そして、未来のあなた自身を楽にし、ご両親を本当の意味で幸せにしましょう。所有物を今後どうするつもりなのか、ぜひご両親に聞いてみてください。

「終いじたく」の本を書いたことがきっかけで、わたしは子どもたちと死について具体的に話をするようになりました。心がけているのは、自分の考えをユーモアを交えて明るく伝えること。話をしたり読んだりしておけば、難しいことも理解が容易になります。死は難しい話題ですから、もっと話し合うべきなのです。

死は本当に厄介な問題です。それは当然です。でも、「終いじたく」はそうではありません。難しい、怖いと思われがちな死という問題にアプローチするための、すこぶる役に立つ実践的な方法です。

中年になり、親の死に直面している人、自分自身の死について考えている人、誰であろうと、いつかやってくる死のために今から備えておきましょう。なぜって、わたしたちは何につけても計画を立てますよね。だったら、死の準備をしたっておかしくありません。

「終いじたく」は年をとった人たちだけのものではありません。40歳くらいの人だって取りかかってかまわないのです。定期的に何度か「終いじたく」をしておけば、年をとって手間のかかる作業をするだけのエネルギーがなくなったとき、大がかりな片づけをしなくてもすむでしょう。

みずからの「終いじたく」をはじめるすべての勇気ある人たちに、わたしは敬意を表します！

あなたの行動によって、あとに残される人たちはわずらわしい後始末から解放され、あなた自身の暮らしもシンプルになります。それだけでなく、片づけが楽しいものであることにも気がつくはずです。「終いじたく」は懐かしい思い出をたどり、あなたの人生の物語がどのように紡がれてきたかを、大切にしてきたさまざまなものを通して振り返ることなのです。充実した、感慨深い時間になるでしょう。

わたしの若い頃は、たとえ自分の親であっても年上の人に自分の意見を言うのは失礼なこととみなされていました。ありがたいことに、現代では礼儀よりも正直さのほうがだいじだと考えられています。いちばんいいのはどちらも忘れないことです。「終いじたく」について話し合えば、それぞれの世代が何を大切にしているかを互いに知ることができます。

どうやって話を切り出せばいい？
なんて話しはじめればいいの？

そんな質問をたびたび受けます。ご両親が年をとってきて、「終いじたく」の話をどう持ちかけていいかわからなければ、彼らの家を訪れ、座らせて、穏やかな調子でこんなふうに尋ねてみてください。

「素敵なものをたくさん持っているけれど、これから先どうするか考えたことはある？」

「こんなにものがあってたいへんじゃない？」
「長年集めてきたものだけど、少し減らしたら、手間もかからないし生活しやすくなるかもしれないよ？」
「いつかものに振り回されるようにならないうちに、いっしょにゆっくり片づけていかない？」

年をとるとバランス感覚が衰えてきます。ラグや床の上に積み重ねた本、家の中にある中途半端なものが危険のもとになりかねません。そのことを話題にするのもいいかもしれませんね――「このカーペット、危なくないかな？　なくてもいいんじゃない？」

こういうときは、やはりちょっとした「コツ」がいります。できるだけ優しく、相手の気持ちを考えて質問しなければなりません。初めのうちはご両親も話を避けたり、話題を変えようとしたりするかもしれません。話をしてくれそうになければ、少し考える時間をあげて、数週間か数ヶ月後にまた聞いてみましょう。そのときは質問の仕方をちょっと変えてみるといいでしょうね。

電話で聞くという手もあります。「持って帰りたいものがあるんだけど、出しておいてくれない？」と頼んでみるのです。案外、ご両親もものがいくらか減ってほっとするかもしれませんよ。そうなれば、「終いじたく」の意味もわかり、楽しんで取りかかってくれるでしょう。

親に「無礼」な態度をとるのが嫌だから、刺激するのが怖いから、「終いじたく」の話などとても切り出せないというのなら、あとで大量のものに埋もれてにっちもさっちもいかなくなっても仕方がありません！

来年、（あるいはその次の年か、そのまた次の年）休暇で帰省するときには、ご両親は他界されていて、あなたは以前贈ったプレゼントをながめているかもしれません。ご両親はあなたの気持ちがうれしくて、最後までだいじに持っていてくれたのです。あなたの話をちゃんと受け止め、「終いじたく」に取りかかっていました。愛情深くいつもあなたを支えてくれた両親。亡くなってもなお、あなたの力になってくれました。屋根裏部屋は空っぽ。地下もガレージも同じです。持っていたものの大半はチャリティに出して、困っている多くの人を助け、あなたがほしがっていたものは残してありました。あなた宛てのメモとともに。大好きな両親。彼らが逝ってしまったことは悲しいけれど、だからといって彼らの持ちものが恋しいわけではありません。思い出を大切にしまっておきましょう。「スクラップ（skräp）」（スウェーデン語で「ガラクタ」）ではなくね！

世界はいつも終わりかけている。
でも、春のお掃除は毎年やってくる……やってこなくなるまでは

春は美しい季節。四季のある国に住んでいるととくに、春がとっても待ち遠しいのです。

鳥のさえずりが聞こえます。まだ歌ってはいないけれど、そのうち歌い出すでしょう。キバナセツブンソウ（vintergäck）やユキノハナなど、初春の花が咲き、木の芽もふくらみはじめます。

日の光が急に強さを増したようで、窓が思いのほか汚れていることに気がつきます。白内障の手術を受けてから、窓ガラスについた筋状の跡がくっきり見えるようになり、いつか鏡で見た顔の皺と同じくらいショックなのです。太陽が当たって窓の汚れが目立つようになったら、春のお掃除のときです！　やった！

みなさんのなかには、すでに「終いじたく」を実行に移している方もいるかもしれませんね。だとしたら、すでにお掃除は半分、もしかするとそれ以上すんだも同然。埃を払ってきれいにするべきものがそれだけ少ないのですから。

「春のお掃除」ということばにはポジティブな響きがあると思います。それは、やり

終えたときのすばらしい気分が思い出されるからでもあります。春の訪れを感じ、窓はきらきら輝き、外には太陽が輝く明るく心地よい世界が広がっています。

では、はじめることにしましょう。

1 まずは窓から。窓ガラスがきれいだと、ふだんは暗くて忘れがちな場所もよく見えるようになります。

2 続いて衣類、カーテンなどの布類、小さめのラグに取りかかります。虫干しをして洗うか、ドライクリーニングに出しましょう。外に干せば臭いもすっきり。途中で、冬のあいだ使わなかった、処分してもいいものがあることに気がつくかもしれません。ものを少なくしておけば、翌年の春のお掃除がうんと楽になりますよ！

3 家中の埃を払い、拭き掃除をします。

4 布張りの家具やクッションに掃除機をかけます。

5 床に掃除機をかけ、拭き掃除／モップがけをします。

広い家をお持ちなら、一日では終わらないでしょう。わたしは今二間のマンションに住んでいますので、一日もあれば完了です。腰をおろし、おいしいお茶かコーヒーを飲みながら、きれいになった部屋をうっとりながめます。そして最後に、かわいらしい花を摘むか買ってくるかして、叫ぶのです。

「春よ、ようこそ！」

パンデミック中の「終いじたく」についての発見と、好奇心あふれる「終いじたく」初心者から寄せられた質問に対する答え

あなたは明日にも死ぬかもしれません。それは誰でも同じです。だからといって、何週間、何ヶ月と続いたロックダウンのときでさえ怠けて片づけをせず、そのせいでほかの人の手をわずらわせてもいいのでしょうか？

パンデミックの最中に「終いじたく」をしなかった人、その理由はなんですか？これからはじめる人のために、「終いじたく」の手順をお伝えしましょう。

1　写真　数が多すぎるのなら、撮らなければよかったと思う写真を捨てるところからはじめましょう。写っている人をもう好きでなくなった、自分がきれいに撮れていない、レンズを指で覆ってしまったなど、理由はいろいろ。それから、だぶってい

る写真は全部捨てます。誰かのパーティや結婚式、卒業式などの写真が34枚あるとしたら、3枚だけとっておいて、残りはそのときの主役に送るか、直接会えるときに渡しましょう。きっと喜ばれると思います。あなたがいなくなったあと、だいじな人たちが見たいと思う写真だけを残しておくのです。

2

キッチンの戸棚　食品を保存してある戸棚をときどき確認しましょう。賞味期限がすぎたものは廃棄しなければなりませんが、食べものを捨てるのはよくないことです。買い物するときは、ムダが出ないようよく吟味しないとなりません。「このライマメ、食べきれるかな?」、「このエクストラファーム豆腐〔訳注/固い木綿豆腐。海外ではもっと固いスーパーファーム豆腐も売られている〕はどうかしら?」、「結局捨てることになってしまわない?」

3

本　わたしはお気に入りの本を今でも本棚にとってあります。どんな内容だったか忘れてしまった本を読み返し、新たなお気に入りが増えることもありますが、そうでない本はまとめてチャリティに出すか、古本屋に売るか、図書館や学校に寄贈するか、読書好きな若い方に譲っています。

4

大型の家具　ここまで終わったら、屋根裏やガレージに何があったかな、何を処分して何を残しておこうかなと考える時間ができるかもしれません。そのときは、どうぞ家具にも目を向けてください。もしかすると、それには目をつむりたいと思って、20年、30年と放っておいたままになっているのでは？　ならばこのタイミングで整理しましょう。紙とペン、それから付箋を持って、さあやりますよ。一日30分からはじめるのがいいと思います。長くても一日1時間。やり終えるたびに、自分にご褒美をあげましょう——上質のコーヒー、おいしいケーキ、温かいシャワーやお風呂。３時間片づけを頑張ったときは、冷たいビールはいかが？

5

メモをとる　持ちものをチェックするときはノートとペン、付箋を用意します。途中で役に立つアイデアを思いつくかもしれないからです。あの小さな水彩画は叔母か息子が気に入ってくれそう。双眼鏡はグスタフ叔父さんにぴったりね。目はだいぶ悪いけれど、今も劇場に行くのが大好きだから。将来誰かに贈るプレゼントに囲まれていると、まるでクリスマス・イブのような気分。ただし、誰に何を譲るか書き留めておかないと、せっかくのアイデアを忘れてしまうかも。譲る相手の名前と、その陶磁器が、小さなラグが、陶器でできた猫の置物がなぜそれぞれの人にふさわしいと思ったかを書いた付箋を貼っておくといいでしょう。

6

70年代の化粧品 いらなくなったものを処分するのに、何でも捨てればいいというわけではありません。たしかに、ゴミ箱は近くにあるので、それがいちばん簡単かもしれませんが、片づけを後ろめたいと思わずにすむような方法で廃棄するようにしましょう。役所に連絡し、どうやって処分するのがいいか相談してみてください。リサイクル・ステーションはありますか？ たとえば残った絵の具、割れたグラス、ラメ入りの光るライトブルーのアイシャドーなどの古い化粧品、前世紀のシャンプーのような危険な廃棄物、環境に害を及ぼす、あるいは人にケガをさせる恐れのあるものを捨てられる場所はありますか？

7

薬 錠剤や液剤などの薬は、薬局に持っていきましょう。使用期限がすぎたものであればなおのことです。

8

手紙 これを書いている今の時点で、残念ながらパンデミックは完全に終息してはいません。当分のあいだは、なるべくならとくに必要のない外出は控えて、知らない人がたくさん集まる場所に出向くのにはまだ慎重でいたほうがよさそう。むしろ今は、古い手紙やはがきを読み返しながら、懐かしい友人たちのもとを「訪れる」またとないチャンスです。ただし、再会を楽しんだら、手紙やはがきはシュレッダーにかけること——その音はまるで音楽のよう！　シュレッダーがなければはさみを使えばいいし、ちょっとした運動を兼ねて家の中を歩き回りながら、手で破いてもかまいません。そうやって身体を動かせば、手紙の内容やそこに込められた気持ちの記憶がいっそう鮮明になるにちがいありません。埃をかぶるまでずっと手元に置いておかなくてもね。

9

思い出の品　多くの人は、スペースがないからものを減らしたいと言いながらも、思い出があるものをどうしても処分できないでいます。それでも、ものには手放す潮時があります。だいじにしてきたもの、なかでも思い出がたっぷり詰まったものを捨てる必要に迫られたら、写真を撮りましょう。そうしてから手放すのです。お別れするとき、ひと言声をかけるのもいいですね。堅苦しいことばや難しいことばはいりません。気楽に、こう言えばいいのです。「思い出をありがとう」

こうしたことをすべてやりとげるのには、当然ですが時間がかかります。やり残していた「終いじたく」を終えたら、きれいに片づいた家でその先何年も幸せな生活を送ることができます。そもそも「終いじたく」にとってだいじなのは、死ぬことではなく暮らしを整理してすっきりさせることなのですから。

最初の本についてのアイデアを練り、執筆していたとき、わたしは何度も「終いじたく」をしました。けれどこう言ってはなんですが、あんなに手際よくやらなくてもよかったかなあ、なんて思っています。今では片づけるところがほとんどなくなって、なんだかちょっと物足りないのです。

とはいえ、よかったこともあります。おかげでいろいろと考える時間ができたからです。今度はどんなことが起きるのでしょう？　飢餓？　戦争？　恐慌？

娘は言います。

「目の前のことをひとつひとつやっていくだけよ、ママ」

息子は言います。

「後悔しないこと、心配しないこと」

「終いじたく」をしておけば、いつの日かこの世を旅立ったとき、子どもたちはじめ愛する人たちはあなたから素敵なものだけをいくつか譲り受けて、食器棚やクローゼットの片づけに追われることなく、公園で楽しい夜を過ごすことができるのです。

さあ、はじめましょう。

2020年4月　MM

Psychologytoday.com より抜粋。

謝辞

この本をかたちにしてくださったみなさんに、心からお礼を言います。スザンナ・レア、ナン・グラハム、カーラ・ワトソン、アッベ・ボニエ！

ずっとわたしを励まし、たくさんのアイデアをくださったステファン・モリソンにも感謝しています。そしてわたしの子どもたち。「子ども」とはいえ、何人かはもう60歳を超えているけれど、奥深くて楽しい人生にしてくれてありがとう。イェインとラース、いつもそばにいてくれてありがとう。

著者

マルガレータ・マグヌセン

(Margareta Magnusson)

彼女のことばを借りれば80歳と100歳のあいだ。スウェーデンに生まれ、世界各地で暮らした。ベックマン・デザイン大学を卒業し、香港やシンガポールでも個展を開いた。5人の子どもを持ち、ストックホルム在住。著書に『人生は手放した数だけ豊かになる――100歳まで楽しく実践　1日1つの“終いじたく”』(三笠書房、2018年刊)がある。

訳者

安藤貴子

(あんどう・たかこ)

英語翻訳者。早稲田大学教育学部(英語英文学科)卒。訳書に『シリコンバレー式　心と体が整う最強のファスティング』(CCCメディアハウス)、『「インターネットの敵」とは誰か?――サイバー犯罪の40年史と倫理なきウェブの未来』(双葉社)、『セックスロボットと人造肉――テクノロジーは性、食、生、死を“征服"できるか』(双葉社)、『ロケット科学者の思考法』(サンマーク出版)、『約束してくれないか、父さん』(共訳、早川書房)、『私たちの真実』(共訳、光文社)などがある。

スウェーデンの80代《だい》は
ありのまま現実的《げんじつてき》に
老《お》いを暮《く》らす

2023年12月15日　初版発行

著　者　　マルガレータ・マグヌセン
訳　者　　安藤貴子
発行者　　菅沼博道
発行所　　株式会社 CCCメディアハウス
〒141-8205　東京都品川区上大崎3丁目1番1号
電話 販売 049-293-9553　編集 03-5436-5735
http://books.cccmh.co.jp

ブックデザイン　相原真理子
装画・挿画　マルガレータ・マグヌセン
翻訳協力　株式会社リベル
DTP　有限会社マーリンクレイン
校　正　株式会社円水社
印刷・製本　図書印刷株式会社

ISBN978-4-484-22110-6